# Gemüse

Annette Kalcher-Dähn
Herbert K. Kalcher

# Gemüse

Mit 99 genußvollen Rezepten,
exklusiv fotografiert
für dieses Buch
von
Hans Joachim Döbbelin

SIGLOCH
EDITION

*Zum Titelbild auf Seite 2: Ein reichlich gefüllter Gemüsekorb ist in seiner Farbenpracht nicht nur ein Augenschmaus, der Duft des frischen Gemüses und die abwechslungsreiche Zusammenstellung verlocken auch zur wohlschmeckenden Zubereitung.*
*Rechte Seite: Die kolorierte Radierung von J. Voltz aus dem Jahr 1823 zeigt anschaulich, welch fröhliches Treiben schon früher auf dem traditionellen Wochenmarkt herrschte. Er war der Umschlagplatz für das lokale Gemüseangebot, aber auch ein wichtiger Treffpunkt für den Austausch von Neuigkeiten – und so manches muntere Schwätzchen wurde hier gehalten.*

© 1989/92 Sigloch Edition, Zeppelinstraße 35a, D-7118 Künzelsau
Sigloch Edition & Co., Lettenstrasse 3, CH-6343 Rotkreuz
Nachdruck verboten. Alle Rechte vorbehalten. Printed in Germany
Reproduktion: Eder Repros, Ostfildern
Satz: Setzerei Lihs, Ludwigsburg
Druck: Erasmusdruck, Mainz
Papier: 135 g/m² BVS der Papierfabrik Scheufelen, Lenningen
Bindearbeiten: Sigloch Buchbinderei, Künzelsau
ISBN 3-89393-002-7

*Der Wochenmarkt.*

# Gemüse – erfrischend und gesund

Bei einem Einkaufsbummel über den Wochenmarkt kann man sich heutzutage nicht mehr nur an der bunten Vielfalt des lokalen Gemüseangebots erfreuen, die Pracht wird noch ergänzt durch eine Fülle importierter, fremdartiger oder bei uns gerade nicht in Saison stehender Sorten. Aber auch die Gemüseabteilungen der Supermärkte versorgen uns stets mit einer reichlichen Auswahl an frischem Gemüse, so daß wir nur zuzugreifen brauchen und uns die Qual der Wahl bleibt. Besonders genießt man es natürlich, wenn man die Früchte eigener Mühe ernten darf und in den Genuß von selbstgezogenem, erntefrischem Gemüse aus dem eigenen Garten – oder auch dem eines netten Nachbarn – kommt. Die verschiedenartigen Formen und die reiche Farbpalette unserer einheimischen Gemüsesorten, aber auch der heute im Handel erhältlichen exotischen Arten erfreuen das Auge, bereichern jede Speisetafel und laden zum kreativen Zubereiten geradezu ein. Die vielfältigen Geschmacks- und Aromastoffe bringen eine wohlschmeckende Abwechslung in unseren Speiseplan.

Aber nicht nur aus diesen Gründen nimmt das Gemüse in unserer Küche eine so bedeutsame Stellung ein. Gemüse sollte eigentlich bei keiner Hauptmahlzeit fehlen, denn es ist für uns von großem ernährungsphysiologischem Wert. Zwar ist es arm an den eigentlichen Grundnährstoffen. So enthält es nur sehr wenig Fett (0,5 % – 1 %) und – mit Ausnahme der Hülsenfrüchte – sehr wenig Eiweiß

(1%–4%). Jedoch führt Gemüse unserem Organismus verschiedene lebensnotwendige Stoffe zu, die in anderen Lebensmitteln nicht oder nur unzureichend enthalten sind, nämlich Vitamine, Mineralstoffe und Spurenelemente. Diese sind für uns von besonderer Bedeutung, da sie wichtige Lebensvorgänge regeln und zur Ausnutzung der Grundstoffe beitragen. Ein Mangel kann daher ernste Störungen im Organismus hervorrufen.

Gerade Vitamine sind wichtige Schutzstoffe, die unsere Widerstands- und Abwehrkräfte mobilisieren. Diese organisch-chemischen Verbindungen müssen in kleinsten Mengen andauernd dem Organismus zugeführt werden, um die Erhaltung oder die Vermehrung der Zellsubstanz zu ermöglichen und die normale Funktion der Organe zu gewährleisten. Vitamine ermöglichen die chemischen Reaktionen im Körper, sie helfen bei der Bildung von roten Blutkörperchen und von Hormonen und beeinflussen das Nervensystem günstig. Sie werden eingeteilt in wasserlösliche Vitamine (B-Gruppe und C) und in fettlösliche (K, D, E und Provitamin A, der Vorstufe zu Carotin). Die meisten Blattgemüsesorten und auch Gemüsepaprika enthalten im Durchschnitt mehr von dem bekanntermaßen wichtigen Vitamin C als Früchte.

Mineralstoffe haben ebenfalls für die Gesundheit bedeutende Funktionen, nämlich beim Ablauf von chemischen Reaktionen im Körper und für Zellvorgänge. Sie sind an den Leistungen des Stoffwechsels beteiligt und für den Aufbau der Körpersubstanz erforderlich, wie z. B. Kalzium bei der Bildung von Zähnen und Knochen. Zu den Mineralstoffen gehören Kalium, Natrium, Kalzium, Schwefel, Phosphor und Magnesium wie auch die Spurenelemente, von denen neun – Eisen, Zink, Jod, Kupfer, Mangan, Fluor, Chrom, Selen, Molybdän – als lebenswichtig angesehen werden.

Nicht übersehen sollte man, daß zur allgemeinen Gesundheit und zum Wohlbefinden auch die meist als Zellulose vorkommenden Ballaststoffe beitragen. Indem sie eine gesunde Verdauung anregen, sind sie also keineswegs unnötiger „Ballast".

Die Aromastoffe spielen mit ihrer appetitfördernden Wirkung nicht nur in der Schonkost eine besondere Rolle. Zudem bietet Gemüse neben seinem gesundheitlichen Wert für manchen Genießer, der aber gleichzeitig auf seine schlanke Linie achten möchte, noch andere erfreuliche Eigenschaften: Auf 100g enthält es 80–95 g Wasser, und die meisten Sorten (außer Tomaten, Karotten, Porree und Schwarzwurzeln) enthalten nur geringe Mengen an Zucker. So ist Gemüse eine erfrischende und kalorienarme Kost.

Da jedoch die meisten Vitamine sehr empfindlich sind gegen Hitze und Sauerstoff, ist es wichtig, sie sorgfältig und schonend zu lagern. Außerdem empfiehlt es sich, Gemüse – vor allem die Vitamin-C-reichen Sorten – möglichst oft als Rohkost zu servieren.

Der Verbraucher hat die Möglichkeit, durch sachgerechte Vor- und Zubereitung die Vitamine und Mineralstoffe im Gemüse weitgehend zu erhalten, der Handel trägt hingegen die Verantwortung für fachgemäßen Transport, Verpackung und Lagerung. Gemüse sollte möglichst frisch angeboten und nach dem Einkauf schnell verarbeitet werden.

## Gemüsefamilien, Einkaufstips und Saisonhinweise

Die Zuordnung der verschiedenen Gemüsesorten ist nicht immer ganz einheitlich. Am häufigsten findet sich die nun folgende Unterteilung:

Zum **Wurzel- und Knollengemüse** gehören Karotten, Rettich, Radieschen, rote Bete, Sellerie, Schwarzwurzeln, Speiserüben und Meerrettich.

**Blatt- und Stielgemüse** sind Spinat, Chicorée, Mangold, Rhabarber, Spargel, Kohlrabi, Bleichsellerie und Salat.

Zum **Fruchtgemüse** rechnet man Tomaten, Gurken, Paprika, Auberginen, Kürbis und Zucchini.

*Der ungewohnte Blick unter die Erde scheint es uns zu ermöglichen, dem Knollengemüse beim Wachsen zuzuschauen.*
*Nächste Doppelseite: Ein wichtiges Gemüseanbaugebiet Süddeutschlands ist der Bodenseeraum, wie hier bei Radolfzell am Zeller See. Die eingestreuten Bilder zeigen von links nach rechts: maschinelles Abernten eines Erbsenfeldes, eine Bäuerin beim Blumenkohlschneiden und einen Leiterwagen mit den malerischen Spitzkohlköpfen der Filder südlich Stuttgart.*

Das **Kohlgemüse** gehört eigentlich zum Blattgemüse. Hierunter fallen Weißkohl, Rosenkohl, Rotkohl, Chinakohl, Brokkoli, Blumenkohl und Wirsing.
Als **Zwiebelgemüse** bezeichnet man Porree oder Breitlauch, Zwiebel und Fenchel.
**Hülsenfrüchte** sind Erbsen, Bohnen, Linsen und Sojabohnen.
Artischocken werden dem **Blütengemüse** zugeordnet wie auch gelegentlich der Blumenkohl. Mais ist eigentlich eine Getreidepflanze und gehört zur Familie der Gräser.
Beim Gemüseeinkauf sollte man zunächst auf die äußeren Merkmale achten: Welke Blätter, Blätter mit braunen Stellen, Farbverluste und ein nicht mehr frisches Aussehen verraten eine zu lange Lagerung. Daneben findet der Verbraucher aber auch die Einteilung in Handelsklassen, die genau festlegen, wie das Gemüse nach Größe und Aussehen beschaffen sein muß und welche Mindestanforderungen an jede Klasse gestellt werden. Laut Handelsklassenverordnung gilt hier die Einteilung:
Extra (höchste Qualität),
I (gute Qualität),
II (marktfähige Qualität),
III (marktfähige Qualität mit erweiterter Fehlertoleranz).

*Während der Spargelernte von April bis Juni treffen sich die Frauen des Dorfes, um die Stangen zu sortieren und zu bündeln. Nach streng vorgegebenen Maßen wird die Dicke der Stangen bestimmt, denn sie entscheidet über die Zuordnung zu den einzelnen Güteklassen. Zur nebenstehenden Tabelle:* ■ *Monate mit großem Angebot;* ● *Monate mit geringem Angebot;* ✽ *auch Treibhausware.*

Diese Einteilung ist indes für den Verbraucher keine sichere Orientierungshilfe. So entscheiden vor allem äußere Faktoren wie Gewicht und Größe über die Zuordnung, nicht aber die „inneren Werte" wie Nährstoffe oder Geschmack. Daher muß die höchste Klasse in ernährungsphysiologischer Hinsicht nicht immer die beste sein. Kleinfrüchtige Tomaten enthalten häufig mehr Vitamin C als große, ebenso büßen Kohlsorten bei zunehmender Größe an Eiweißgehalt, Vitaminen und Carotin ein. Und krummgewachsenes Gemüse verliert ja noch nicht unbedingt an Nährstoffen. Im Gegenteil, Freilandware ist meist vitaminreicher und geschmacksintensiver als Treibhauszüchtungen, nur eben nicht ganz so makellos im Wuchs. Da bei uns einheimisches Gemüse außerhalb der Saison im Treibhaus gezogen oder aus anderen Ländern importiert wird, findet man die meisten Sorten das ganze Jahr über im Angebot. Natürlich ist aber das Saisongemüse jederzeit am besten ausgereift, besonders frisch und aromatisch. Während der Saison erhält man daher die beste Qualität, und es lohnt sich, den Speisezettel danach zu richten. Die Saison der meisten Sorten erkennt man leicht: wenn nämlich das Angebot groß und der Preis niedrig ist. Einen schnellen Überblick darüber liefert die nebenstehende Tabelle.

# Gemüse-Saisonkalender

| | Jan. | Feb. | März | April | Mai | Juni | Juli | Aug. | Sept. | Okt. | Nov. | Dez. |
|---|---|---|---|---|---|---|---|---|---|---|---|---|
| Artischocken | ● | ● | ▓ | ▓ | ▓ | | | | | ● | ● | ● |
| Auberginen | ● | ● | ● | ● | | | | | ● | ● | | |
| Blumenkohl | ● | ● | ▓ | ▓ | ● | ● | ▓ | ▓ | ▓ | ▓ | ● | ● |
| Bohnen, grüne | | | ● | ● | ● | ● | ● | ▓ | ▓ | ● | ● | ● |
| Bohnen, dicke | | | | | ● | ▓ | ▓ | | | | | |
| Brokkoli | | ● | ● | ● | | | | | | | | |
| Chicorée | ▓ | ▓ | ● | ● | | | | | | ● | ▓ | ▓ |
| Chinakohl | ▓ | ▓ | ▓ | ● | ● | ● | ● | | | | | |
| Erbsen | | | | | ● | ● | ● | | | | | |
| Fenchel | ● | ● | ● | ● | ● | ● | ▓ | ▓ | ▓ | ▓ | ● | ● |
| Grünkohl | ▓ | ▓ | ▓ | | | | | | | ▓ | ▓ | ▓ |
| Gurken* | ● | ● | ● | ● | ● | ▓ | ▓ | ▓ | ▓ | ▓ | | ● |
| Karotten | ▓ | ▓ | ▓ | ● | ● | ● | ● | ▓ | ▓ | ▓ | ▓ | ▓ |
| Kohlrabi | | | ● | ● | ● | | | ● | ● | ● | | |
| Kürbis | | | | | | ● | ● | ▓ | ▓ | ▓ | ▓ | |
| Mais | | | | | | | ● | | | | | |
| Meerrettich | ▓ | ▓ | ● | ● | | | | | | ● | ▓ | ▓ |
| Paprika | ● | ● | ● | ● | ● | ▓ | ▓ | ▓ | ▓ | ● | ● | ● |
| Porree (Breitlauch) | ● | ● | ● | ● | ● | ● | ● | ▓ | ▓ | ▓ | ▓ | ▓ |
| Radicchio | ● | ● | ● | ● | | | | | | | ● | ● |
| Radieschen* | ● | ● | ● | ▓ | ▓ | ▓ | ▓ | ● | ● | ● | ● | ● |
| Rettich | ● | ● | ● | ▓ | ▓ | ▓ | ▓ | ▓ | ▓ | ● | ● | ● |
| Rhabarber | ● | ● | ● | ▓ | ▓ | ● | ● | | | | | |
| Rosenkohl | ▓ | ▓ | ▓ | ● | ● | | | | | ● | ▓ | ▓ |
| Rote Bete | ▓ | ▓ | ▓ | | | | | | ● | ▓ | ▓ | ▓ |
| Rotkohl | ▓ | ▓ | ▓ | ● | ● | ● | ▓ | ▓ | ▓ | ▓ | ▓ | ▓ |
| Schwarzwurzeln | ▓ | ▓ | ▓ | | | | | | | ● | ● | ● |
| Sellerie | ▓ | ▓ | ▓ | ▓ | ● | ▓ | ▓ | ▓ | ● | ▓ | ▓ | ▓ |
| Spargel | | ● | ● | ▓ | ▓ | | | | | | | |
| Spinat* | ● | ● | ▓ | ▓ | ▓ | ● | ● | ● | ▓ | ▓ | ● | ● |
| Steckrüben | ▓ | ▓ | ● | | | | | | ● | ▓ | ▓ | ▓ |
| Tomaten | ● | ● | ● | ● | ● | ● | ● | ● | ● | ● | ▓ | ● |
| Weißkohl | ▓ | ▓ | ▓ | ▓ | ● | ● | ● | ▓ | ▓ | ▓ | ▓ | ▓ |
| Wirsing | ▓ | ▓ | ▓ | ▓ | ● | ● | ● | ▓ | ▓ | ▓ | ▓ | ▓ |
| Zucchini | ● | ● | ● | ● | ● | ▓ | ▓ | ▓ | ▓ | ● | ● | ● |
| Zwiebeln | ▓ | ▓ | ▓ | ▓ | ▓ | ▓ | ● | ● | ▓ | ▓ | ▓ | ▓ |

# Die schonende Zubereitung von Gemüse

Es empfiehlt sich, Gemüse nach dem Einkauf rasch zu verbrauchen, es also nie allzu lange zu lagern, um die empfindlichen Nährstoffe zu erhalten. Aber auch bei der Zubereitung sollte man möglichst schonend verfahren: Gemüse wird nur kurz, aber gründlich gewaschen und darf nicht lange im Wasser liegen, da kaltes Wasser die Mineralsalze stark auslaugt und viele Vitamine wasserlöslich sind. Ferner zerkleinert man das Gemüse erst nach dem Waschen. Vitamine werden durch die Aufnahme von Sauerstoff rasch zerstört. Muß man Gemüse ausnahmsweise einmal stehen lassen, deckt man es deshalb mit einem feuchten Tuch ab.

Generell gilt, Gemüse nach Möglichkeit nur kurz zu garen, es möglichst wenig umzurühren und es nicht lange warmzuhalten, es selten, und wenn, dann nur kurz aufzuwärmen und möglichst frische Kräuter zur Aufwertung hinzuzufügen. Bei Gemüse mit besonders vielen Mineralstoffen (Artischocken, Blumenkohl, Erbsen, Kohl, Karotten, Sellerie, Gurken, Auberginen) ist es außerdem sinnvoll, für eine Sauce das Kochwasser mitzuverwenden.

Gemüse kann auf verschiedene Arten zubereitet werden. Dabei versucht man, das Eigenaroma der Grundprodukte herauszuarbeiten. Wie schon gesagt, bleiben die meisten Nährstoffe erhalten, wenn Gemüse roh verzehrt wird. Man sollte allerdings beachten, daß Bohnen vor dem Verzehr immer abgekocht werden müssen, um den blausäurehaltigen Eiweißstoff Phasin zu zerstören. Meist wird Gemüse kurz in nur wenig Wasser gedämpft oder gedünstet. Es sollte mit Öl oder Fett zubereitet und aufgewertet werden, dadurch werden auch die Geschmacksstoffe angehoben. Auch benötigen Vitamine Fette, um die Provitamine umzuwandeln (z. B. Provitamin A in Carotin). Gibt man anschließend noch frische Gewürzkräuter hinzu, reichert man die Gerichte nicht nur mit wohlschmeckenden Aromastoffen an, sondern ergänzt sie nochmals mit flüchtigen Ölen und weiteren Mineralstoffen.

Wir kennen folgende Möglichkeiten, Gemüse abwechslungsreich und schmackhaft zuzubereiten. Die Garzeiten hängen dabei von der Sorte ab.

Beim **Blanchieren** wird das Gemüse in kochendes Salzwasser gegeben, und je nach Sorte 5–10 Minuten, gegart. Dann schreckt man es mit kaltem Wasser ab und verfeinert es anschließend mit etwas Butter. So bleibt das Gemüse fest und hat Biß, es ist schonend zubereitet, Geschmack und Farbe bleiben naturgetreu erhalten.

Man kann Gemüse auch in zerlassenem Fett **dünsten** und mit etwas Wasser bei geschlossenem Deckel 4–6 Minuten bei mittlerer Hitze garen. Kohl wird natürlich entsprechend länger gedünstet. Da man den Topf möglichst nicht öffnen und das Gemüse auch nicht umrühren, sondern nur ab und zu leicht schwenken sollte, werden die Gewürze gleich zu Beginn zwischen das kleingeschnittene Gemüse gestreut. Frische Kräuter werden dagegen erst am Schluß untergerührt.

Wenn in der Zutatenliste Zwiebeln aufgeführt sind, so dünstet man diese zunächst kleingeschnitten in heißem Fett glasig (oder blond) und gibt erst dann das Gemüse und die Gewürze in den Topf.

Beim **Dämpfen** im Siebeinsatz eines Topfes, dessen Boden mit etwas Wasser bedeckt ist, gart das Gemüse bei geschlossenem Deckel etwa 8–12 Minuten. Hierbei bleiben die meisten Nährstoffe erhalten, hitzeempfindliche Vitamine gehen aber verloren, da Dampf heißer ist als Kochwasser.

Wird das Gemüse **gekocht,** gibt man es zunächst in kaltes Wasser, kocht auf, läßt es auf mittlerer Hitze ca. 8–15 Minuten, je nach Sorte, weiterkochen und gibt anschließend etwas Fett hinzu. Will man es mit einer Sauce abschmecken, verwendet man am besten das Gemüsewasser dafür.

*Aus Gemüse lassen sich auch originelle und herrlich bunte Dekorationen anfertigen. Überraschen Sie doch einmal Ihre nächsten Gastgeber mit einem so ausgefallenen, geschmack-vollen Strauß!*

**Gebraten** wird Gemüse in heißem Fett bei mittlerer Hitze etwa 3 Minuten.
Weiterhin eignen sich Gemüsegerichte vorzüglich zum **Überbacken**.
Im **Schnellkochtopf** bereitet man Gemüse besonders schonend und rasch zu, da durch den völligen Sauerstoffabschluß und durch die kurze Garzeit (man benötigt nur etwa ein Viertel bis ein Drittel der normalen Kochzeit) die Vitamine gut erhalten bleiben und die geringe Menge Kochsud leicht weiterverarbeitet werden kann. Außerdem bleibt das Gemüse appetitlich in Form und zerfällt nicht. Daß dabei Energie – und Zeit – gespart wird, ist eine erfreuliche Begleiterscheinung.

# Die Lagerung von Gemüse

## Kurzzeitiges Lagern

Kommt man nicht dazu, das Gemüse gleich zu verarbeiten, oder hat man gar zuviel eingekauft, muß man es möglichst schonend lagern. Will man es nur kurz aufheben, legt man es eingewickelt (in Papier oder ein feuchtes Tuch, die die Verdunstung einschränken, aber nicht ganz verhindern) an einen kühlen, dunklen und trockenen Ort, zum Beispiel ins Gemüsefach des Kühlschranks. Dort läßt es sich einige Tage aufbewahren, nur Spinat und Salate sollten innerhalb von ein oder höchstens zwei Tagen verbraucht werden.
Gemüse wäscht man vor dem Lagern nicht, da jede zusätzliche Feuchtigkeit die Fäulnis beschleunigt. Zubereitetes Gemüse oder geöffnete Konserven (der Inhalt sollte nicht in der Dose aufbewahrt werden) halten im Kühlschrank höchstens 1–3 Tage. Für längere Lagerzeiten bietet sich ein kühler, dunkler Keller an, über den heute aber nur noch wenige verfügen. Die modernen isolierten Keller der Neubauten sind weniger günstig, hier verliert das Gemüse rasch an Feuchtigkeit und schrumpft ein. Auch lohnt sich die Mühe des Aussortierens. Nur ausgereiftes und unbeschädigtes Gemüse läßt sich gut aufbewahren, sonst entstehen Faulstellen, die rasch um sich greifen.

## Tiefgefrieren – Tiefkühlkost

Besser ist es, frisches Gemüse zur längeren Lagerung oder zur Vorratshaltung sofort zu verarbeiten. Dies lohnt sich heute jedoch bei dem reichhaltigen, zu jeder Zeit durch Importe ergänzten Angebot frischer Ware und der großen Menge an Tiefkühlkost nur, wenn man Gemüse aus dem eigenen Garten erntefrisch zur Lagerung verwenden kann, denn selbst Ware vom Wochenmarkt wurde oft bereits zwischengelagert. Nährstoffschonend ist das Tiefgefrieren, allerdings verlangt es beträchtliche Vorbereitungen. Gut eignen sich alle Gemüsesorten, die im gekochten Zustand verzehrt werden. Auberginen, Tomaten, Radieschen und Rettiche lassen sich wegen ihrer Gewebeveränderungen und ihres Verlustes an Festigkeit nicht gut einfrieren. Weißer Spargel bekommt gelegentlich einen strohigen Geschmack. Zwiebeln können nur als Zwiebelgemüse zubereitet eingefroren werden, blanchiert eignen sie sich nicht dafür.
Alle Gemüsesorten außer Gurken müssen vor dem Tiefgefrieren blanchiert werden, um den Enzymen und Mikroben ihre Wirksamkeit zu nehmen, damit sie den Vitamingehalt, Geschmack und das Gewebe nicht beeinträchtigen. Vernichtet werden die Bakterien allerdings nicht, daher sollte Gemüse nach dem Auftauen rasch verzehrt werden. Nicht blanchiertes Gemüse verändert sich stark im Nährstoffgehalt, aber auch im Geruch, so daß es zwar noch lecker aussehen mag, aber keine Nährwerte mehr besitzt. Das geputzte, gewaschene und dann zerkleinerte Gemüse wird in 500-g-Portionen in etwa 5 Liter ständig siedendem Wasser in einem Blanchierkorb (Dämpfeinsatz oder Metall-Salatkorb) 2–4 Minuten blanchiert. Sellerieknollen, Weißkohl, Mais und rote Bete blanchiert man etwas länger.
Neben dem Heißwasserblanchieren gibt es noch die Methode des Dampfblanchierens, die vitaminschonender ist. Man setzt dafür die anderthalbfache Zeit an. Anschließend wird das Gemüse schnell in kaltem, mit Eiswürfeln versetztem Wasser abgekühlt. Nach dem Abtropfen verpackt man es am besten portionsweise, denn so gefriert es schneller, und später entstehen weniger Reste. Als Behälter bieten sich Beutel (Luft entfernen!) oder Plastikdosen an, Gläser sind weniger geeignet. Bei musartiger oder pürierter Ware (Spinat, Rotkohl o. ä.) muß ein Ausdehnungsraum von etwa 10 % berücksichtigt werden.

Nicht vergessen sollte man, die gefüllten Gefäße zu beschriften und eine Gefrierliste anzulegen, damit man die Übersicht nicht verliert und die Ware rechtzeitig verbraucht.

Das Gemüse wird rasch bei hohen Kältetemperaturen ($-30$ bis $-40\,°C$) eingefroren. Bei diesem sogenannten Schockgefrieren entstehen nur kleine Zellkristalle, die die Zellwände nicht zerstören. In etwa 10–12 Stunden haben die Produkte die nötige Kerntemperatur von $-15\,°C$ erreicht. Will man Gemüsegerichte einfrieren, ist es günstig, auf etwaige Zwiebelzugaben zu verzichten, da diese beim Gefrieren einen muffigen Geschmack annehmen können. Tiefgefrorenes Gemüse kann 6–12 Monate aufbewahrt werden.

Zum Auftauen gibt man das Gemüse in gefrorenem Zustand in eine kleine Menge siedendes Wasser (1/2 Tasse Wasser für ca. 300 g Gemüse) oder dünstet es in etwas Fett. So behält es seine Form bei und verliert nicht an Volumen und Geschmack, der Nährstoffverlust bleibt gering. Manche Sorten wie dicke Bohnen, Erbsen, Brechbohnen oder Rosenkohl werden zarter, wenn dem Kochwasser Fett beigegeben wird (1 Eßlöffel Butter auf 1/2 Tasse Wasser). Gemüse mit fettlöslichen Vitaminen dünstet man im eigenen Saft mit etwas Fett (Karotten, Erbsen, Spinat, Bohnen). Noch schonender bereitet man es im Gefrierkochbeutel zu, wo es, in siedendes Wasser gelegt, im eigenen Dampf gart. Blockartig gefrorenes Gemüse kocht man 12–15 Minuten bei schwacher Hitze im geschlossenen Topf und zerteilt es immer wieder mit einem Löffel. Die Garzeiten sind allgemein um ein Drittel bis zur Hälfte geringer als bei frischem Gemüse.

Einmal aufgetaut, muß das Gemüse umgehend verbraucht werden, da es schnell an Nährwerten verliert und bald verdirbt. Man sollte es auch nicht wieder einfrieren.

Tiefgefrieren ist die gesündeste, d.h. nährstoffschonendste Methode, Gemüse zu lagern. Da die Ansprüche für die Rohware auch bei gekaufter Tiefkühlkost sehr hoch sind, kann der Vitamingehalt hier durchaus höher sein als bei frischem Gemüse, das durch längere Lagerzeiten bereits an Nährstoffen verloren hat. Zudem wird im Tiefkühlprozeß das Eiweiß in leicht aufnehmbare Spaltprodukte zerlegt und somit das Gemüse leichter verdaulich. Dabei lösen sich auch einige sonst an das Eiweiß gebundene Stoffe wie Eisen, Vitamin $B_1$, $B_2$ und $B_6$. Sie sind dadurch für den Körper leichter verwertbar. Auch der Vitaminverlust von etwa 10%–20% beim Blanchieren kann durch die verkürzte Garzeit ausgeglichen werden.

Gelegentlich ist es möglich, daß das Gemüse durch das Gefrieren einen Beigeschmack erhält. Tiefkühlkost mit Schneebildung oder gar Gefrierbrand kann man nicht mehr verwenden. Die Schneebildung deutet darauf hin, daß die Ware bereits einmal an- oder aufgetaut war. Die ausgelaufene Zellflüssigkeit erscheint nämlich nach dem erneuten Gefrieren als „Schnee". Weiße oder braunrötliche Verfärbungen größeren Ausmaßes bezeichnet man als Gefrierbrand, es sind Austrocknungsschäden. Das Eiweiß verliert dadurch die Fähigkeit, Wasser zu binden, und das Produkt schmeckt nach der Zubereitung strohig und trocken.

## Weitere Lagermethoden: Gemüsekonserven, Trockengemüse, Einlegen in Essig

Beim Konservieren durch Hitzebehandlung (**Sterilisieren**) sollte das Gemüse ebenfalls nicht allzu lange gelagert haben. Auch hier wird es zunächst geputzt, zerkleinert, dann blanchiert und in Dosen oder Gläser gefüllt. Diese werden verschlossen und anschließend sterilisiert.

Bei dieser starken Wärmeeinwirkung werden zwar die Bakterien und Keime abgetötet, jedoch ist damit ein großer Verlust an Nährwerten und Aromastoffen verbunden. Insbesondere gehen viele Vitamine (besonders die Vitamine $B_1$ und C) verloren.

Einwandfreie Konserven sind im allgemeinen

lange und gut haltbar. Aber auch Gemüsedauerwaren sollten bei Temperaturen bis höchstens 20°C gelagert werden, sonst können Farb-, Geruchs- und Geschmacksveränderungen auftreten. Der Inhalt der durch bakterielle Bombagen aufgetriebenen Dosen mit gewölbtem Deckel ist nicht mehr zum Verzehr geeignet.

Gemüse läßt sich auch noch durch **Trocknen** haltbar machen. Die Vorbereitungen sind die gleichen wie bei den anderen Methoden. Das geputzte und zerkleinerte Gemüse wird zunächst blanchiert. Dann wird es bei 50°–70°C getrocknet. Durch den Entzug von Wasser können sich keine Bakterien bilden, das Gemüse läßt sich längere Zeit (bis zu einem Jahr) keimfrei aufbewahren. Dieses Verfahren wird in der Suppenindustrie viel verwendet. Durch Wiederaufquellen erhält das Gemüse in etwa sein natürliches Aussehen zurück, Geschmacks- und Geruchsveränderungen treten aber gelegentlich auf.

Manche Gemüsesorten können **in Essig eingelegt** werden. Dessen Säure (mindestens 5%) und die sich entwickelnde Milchsäuregärung verhindern das Wachstum von Bakterien und wirken konservierend. Vorher wird das vorbereitete Gemüse eingesalzen (1 Eßlöffel Salz auf 500 g Gemüse) oder in Salzlake gelegt (50 g Salz und 1/2 Liter Wasser für 500 g Gemüse), um dem Gemüse Wasser zu entziehen. Das Gemüse wird am nächsten Tag gut abgespült in saubere Gläser gefüllt, mit einem kochendheißen Aufguß aus halb Essig und halb Wasser übergossen, und die Gläser werden gut verschlossen. Man kann dem Aufguß Gewürze und etwas Zucker beigeben. Eingelegtes Gemüse wird für 2–3 Monate an einen kühlen und dunklen Ort gestellt, um es reifen zu lassen. Zum Einlegen eignen sich neben Weiß- und Rotkohl Gurken, Zwiebeln, Blumenkohl, Maiskölbchen, Paprika, rote Bete, Bohnen, Sellerie und Karotten.

Schließlich kann man Gemüse noch zu Gemüsesäften verarbeiten. Das blanchierte Gemüse wird zerkleinert und gepreßt. Nur Tomaten-, Rhabarber- und Sauerkrautsaft enthalten genügend eigene natürliche Säure, um haltbar zu sein. Die anderen Säfte werden meist mit Zitronen- und Milchsäure versetzt und kurzzeitig hocherhitzt.

Im Handel findet man Säfte von Karotten, Spinat, roten Beten, Gurken, Rettich, Sauerkraut, Rhabarber und Bohnen. Inzwischen werden auch Mischsäfte aus vielerlei Sorten angeboten.

Doch nun nach soviel Theorie zurück zu unserem Einkaufsbummel und dem frischgefüllten Gemüsekorb, dessen prächtiger und farbenfroher Inhalt zur wohlschmeckenden Zubereitung verlockt. Die folgenden 99 Rezepte sollen mit vielen Ideen weiterhelfen und die Freude des Einkaufens und Erntens mit der Freude am Kochen ergänzen.

# Apfel-Gemüse-Topf

Von der exquisiten Küche der Nobelrestaurants sind wir es gewohnt, daß die Speisen kunstvoll angerichtet serviert werden. Doch die Einsicht, daß das Auge mitißt, ist keineswegs eine Erkenntnis unserer Tage. Schon zu Kaiser Neros Zeiten galt: „Ein guter Koch muß zugleich auch ein guter Maler sein." Die Köche der damaligen Zeit waren nicht nur hoch geachtet, sondern verdienten auch ungemein viel und kannten in kulinarischer Hinsicht keine Grenzen. Einige von ihnen könnte man durchaus als Bildhauer bezeichnen, denn sie formten und modellierten Fische aus Fleisch oder Gänse aus Fisch. Das appetitliche Anrichten von Speisen bereitet aber zu jeder Zeit Freude und bietet sich bei Gemüse wegen seiner vielfältigen Formen und seiner Farbenpracht geradezu an.

*500 g Kartoffeln, 250 g Karotten, 3 Zwiebeln, 300 g durchwachsener Speck, 1/4 Liter Fleischbrühe, 4 Äpfel, Salz, weißer Pfeffer, Thymian*

Die geschälten und gewaschenen Kartoffeln in große Würfel, die geputzten Karotten in Scheiben schneiden, die Zwiebeln schälen und achteln. Den Speck in Scheiben schneiden und alles zusammen in der Fleischbrühe 15 Minuten dünsten. Dann die geschälten und grobgewürfelten Äpfel hinzufügen und das Ganze weitere 10 Minuten dünsten. Zum Schluß mit Salz, Pfeffer und etwas Thymian abschmecken. Dazu trinkt man Apfelwein oder ein kräftiges Bier.

# Gefüllte Artischockenböden

Artischocken sind die Blüten einer Distelart, die vor der Blüte geerntet werden müssen. Sie galten bei den Römern als große Spezialität. Schon die Ägypter kultivierten diese Pflanze um 500 v. Chr. Sie gaben der Artischocke auch ihren botanischen Namen *Cynara*. Im 17. und 18. Jahrhundert war die Artischocke an fürstlichen Höfen sehr beliebt und galt bei den Franzosen als Zeichen hoher Eßkultur und Reichtums. Ihre Anbaugebiete befinden sich vornehmlich im Mittelmeerraum. Die auf dem europäischen Markt angebotenen Artischocken stammen meist aus Frankreich und Italien. Artischockenpflanzen sind mehrjährig und werden ein bis zwei Meter hoch. Ihre Kultur erfordert einen guten Boden und viel Pflege. Bekannt sind im wesentlichen zwei Sorten: einmal die dicken, vollfleischigen von grüner Farbe sowie die etwas kleineren und schlanken, deren Farbe ins grünlich Violette reicht. Diese Sorte wird auch Babyartischocke genannt.

*1 Dose Artischockenböden (8 Stück).*
***Für die Füllung:*** *1 EL Schweineschmalz, Salz, weißer Pfeffer, 300 g gemischtes Hackfleisch, 2 EL Paniermehl, 50 g Butter*

Die Artischockenböden in einem Sieb gut abtropfen lassen.
**Für die Füllung:** Das Schweineschmalz in einer Pfanne erhitzen und darin das mit Salz und Pfeffer gewürzte Hackfleisch 3–4 Minuten braten. Die Fleischbrösel gleichmäßig auf die Artischockenböden verteilen, etwas Paniermehl darüberstreuen und mit flüssiger Butter beträufeln. Die Artischockenböden anschließend auf ein gefettetes Backblech geben und im auf 250°C vorgeheizten Backofen etwa 15 Minuten überbacken.

# Auberginengemüse

Dieses Gericht verlangt ein exotisches Gewürz: Curry. Das Gewürzpulver Curry hat schon seit Jahren einen festen Platz in der europäischen Küche. *Kari,* so wird es in seinem Ursprungsland Indien genannt, bedeutet soviel wie Sauce. Die englischen Kolonialherren hatten es einstmals in Indien kennengelernt und mit nach Hause gebracht. Curry ist eine Mischung aus mindestens zehn, aber auch bis zu sechsunddreißig verschiedenen pulverisierten tropischen Gewürzen – und hat mit dem echten *kari* wenig gemeinsam. Echtes indisches Curry ist auch bei uns erhältlich, es hat einen wesentlich intensiveren Geschmack als die europäische Mischung. Koriandersamen ist die Basis jeder Currymischung. Weitere Zutaten sind: Kümmel, Curcuma, Anis, Fenchel, schwarzer Pfeffer, Ingwer, Zimt und Nelken.

---

*1,2 kg Auberginen, Salz, 8 EL Öl,
3 Knoblauchzehen, 6 Tomaten,
400 g gemischte Pilze oder Champignons aus der Dose, weißer Pfeffer, 1/2 TL Curry,
1/2 TL Kräuter der Provence,
1 EL gehackte Petersilie*

---

Die gewaschenen Auberginen ungeschält in Würfel schneiden, gut salzen, 15 Minuten ziehen lassen und die abgetropften Würfel mit Küchenkrepp trockentupfen. Das Öl in einer Pfanne erhitzen und die Auberginenwürfel mit den kleingehackten Knoblauchzehen darin kurz anbraten. Die Tomaten überbrühen, häuten und vierteln. Die abgetropften Pilze in Scheiben schneiden und mit den Tomaten zu den Auberginen in die Pfanne geben. Mit Salz, Pfeffer, Curry und den Kräutern der Provence würzen und alles zugedeckt etwa 20 Minuten schmoren. Das fertige Gemüse mit der gehackten Petersilie bestreut servieren.

# Gefüllte Auberginen

Nach Mitteleuropa kam die Aubergine (sie wird gelegentlich auch Eierfrucht genannt) bereits im 12. Jahrhundert. So manches andere Gemüse brachten die Entdecker aus Amerika mit, anders jedoch bei der Aubergine. Sie wurde von den europäischen Seefahrern in die Neue Welt importiert. Die Urheimat der Aubergine ist nicht – wie vielfach behauptet – die Iberische Halbinsel, sondern das tropische Ostindien bis hin nach Assam und Birma.

*1 kg Auberginen (4 Stück), Saft von 2 Zitronen.*
**Für die Füllung:** *50 g magerer Speck, 1 TL Knoblauchgewürz, 3 EL Öl, 250 g frische Champignons, 250 g Tomaten, Salz, gemahlener schwarzer Pfeffer, 1 Prise Zucker, 1 Bund Petersilie, 1 EL Paniermehl, 100 g geschnittener Gouda, Butter*

Die Auberginen der Länge nach halbieren und aushöhlen. Das Fruchtfleisch mit Zitronensaft beträufeln und anschließend in Würfel schneiden.
**Für die Füllung:** Den gewürfelten Speck mit Knoblauch würzen und in Öl andünsten. Die geputzten und gehackten Champignons mit den Auberginenwürfeln dazugeben und etwa 10 Minuten dünsten. Die Tomaten überbrühen, enthäuten, achteln, zu den Pilzen geben, mit den Gewürzen und dem Zucker abschmecken und die kleingehackte Petersilie daruntermengen. Das Gemüse nun in die Auberginenhälften füllen, mit Paniermehl bestreuen und den in Streifen geschnittenen Käse darüberlegen. Die Auberginenhälften auf ein mit Butter eingefettetes Backblech legen und im auf 250°C vorgeheizten Backofen etwa 25 Minuten überbacken.

# Aztekentopf

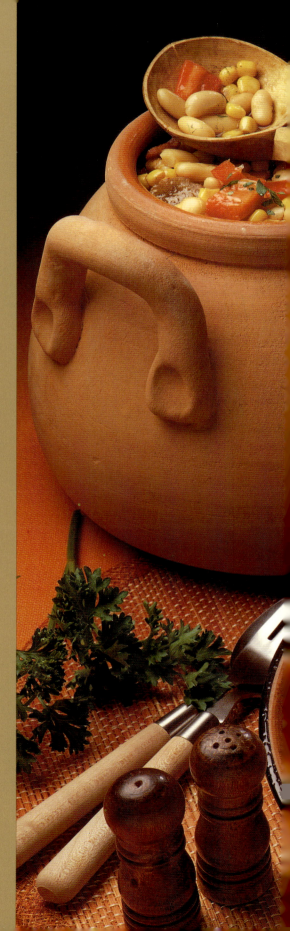

Der Mais stammt mit großer Wahrscheinlichkeit aus Mittelamerika. Als die Europäer Amerika entdeckten, bauten bereits alle mittel- und südamerikanischen Völker Mais an. Aus Maismehl und zermahlenen Kakaonüssen bereiteten die Azteken in Mexiko Fladen, die als Vorläufer der heutigen mexikanischen *tortillas* anzusehen sind. In der Lebensbeschreibung von Christoph Kolumbus, die sein Sohn verfaßte, findet sich unter dem 5. November 1492 die Eintragung, daß man ausgedehnte Plantagen gesehen habe, auf denen eine Art Weizen angebaut wurde. Dieses Gemüse habe die Bevölkerung als *mahiz* bezeichnet. Der *mahiz* sei – gebacken oder gemahlen – sehr schmackhaft gewesen. 1498 wurde der Mais bereits im spanischen Kastilien angebaut.

*10 Maiskolben (Zuckermais), 1 TL Salz, 500 g Rindfleisch aus der Keule, 200 g magerer Räucherspeck, 1 EL Öl, 1 rote Paprikaschote, 1 große Dose weiße Bohnen (530 g Abtropfgewicht), 1/4 Liter Fleischbrühe, Salz, gemahlener schwarzer Pfeffer, Zucker, 1 Bund Petersilie*

Die Maiskolben säubern und reichlich 30 Minuten in Salzwasser kochen, bis sich die Körner gut mit einem Messer ablösen lassen. Das Rindfleisch in grobe Würfel schneiden, den Räucherspeck feinwürfeln. Den Speck in Öl anrösten, das Fleisch zugeben und zugedeckt bei mittlerer Hitze etwa 60 Minuten schmoren. Nach 40 Minuten die gesäuberte und gewürfelte Paprikaschote hinzufügen. Anschließend die Maiskörner und die abgetropften Bohnen mit der Fleischbrühe in den Topf geben. Das Ganze kurz erhitzen, mit Salz, Pfeffer und Zucker abschmecken und mit der feingehackten Petersilie bestreuen.

# Bierbraten im Gemüsebett

Alle zwei Jahre – in Jahren mit ungerader Endzahl – wird in dem kleinen flandrischen Städtchen Wingene am zweiten Septembersonntag das „Biennal Brueghel feest" gefeiert, an dem die Einwohner zu Ehren des großen Malers in historischer Kleidung teilnehmen. Auf dem Bankett im Freien werden unzählige Speisen gereicht, und das belgische Nationalgetränk Bier fließt in Strömen.

*1 kg Rinderbraten, Salz, gemahlener schwarzer Pfeffer, 30 g Butter, 3/8 Liter Exportbier, 2 grüne Paprikaschoten, 1 dicke Stange Porree, 2 mittelgroße Karotten, 250 g Zwiebeln, 250 g frische Champignons, 1 Sellerieknolle (etwa 250 g), 1 TL Mehl, 1/8 Liter süße Sahne*

Das Fleisch waschen, mit Küchenkrepp trockentupfen und mit Salz und Pfeffer kräftig einreiben. Die Butter in einem Topf erhitzen und das Fleisch von allen Seiten darin anbraten, mit 2/8 Liter Bier ablöschen und 30 Minuten schmoren. Die Paprikaschoten aushöhlen, gründlich waschen und in Streifen schneiden. Die Porreestangen und die Karotten waschen, die Zwiebeln schälen und alles in Scheiben schneiden. Die gut gewaschenen und geputzten Champignons halbieren und zusammen mit den Zwiebelscheiben, der gewürfelten Sellerie, den Karotten- und Porreescheiben sowie den Paprikastreifen in den Topf zum Fleisch geben. Das Ganze eine weitere Stunde schmoren lassen. Das restliche Bier hinzufügen, etwas Mehl in Wasser oder Sahne verrühren, die Sauce damit binden und mit der Sahne abschmecken. Den Braten zusammen mit der Sauce anrichten. Dazu trinkt man natürlich ein Exportbier.

# Blumenkohl mit Schinken

Was wäre unsere Küche heute ohne Pfeffer in all seinen scharfen oder weniger scharfen Varianten? Die Inder kennen Pfeffer schon von jeher als Speisegewürz, und auch die Griechen und Römer wußten ihn schon zu schätzen. Schwarzer Pfeffer galt im Mittelalter als Heilmittel. Für die Herstellung von schwarzem Pfeffer werden die unreifen Früchte geerntet und an der Sonne getrocknet. Durch die Oxydation der Gerbstoffe entsteht die rotbraune Farbe. Vollreif müssen die Früchte sein, wenn weißer Pfeffer entstehen soll.

*1 großer Blumenkohl, 2 EL Essig oder 2 EL Salz, 400 g gekochter Schinken, 1 Bund Petersilie, 80 g Butter, 75 g Paniermehl, 2 hartgekochte Eier, Salz, weißer Pfeffer, Butterflöckchen*

Den geputzten Blumenkohl 10 Minuten in kaltem Essig- oder Salzwasser ziehen lassen, anschließend in einem Liter Salzwasser 15–20 Minuten garen. Den gekochten Schinken durch den Fleischwolf drehen, die Petersilie feinhacken, in der erhitzten Butter das Paniermehl leicht anbräunen. Die Eier kleinhakken, mit Salz und Pfeffer abschmecken und zusammen mit dem Schinken, dem Paniermehl und der Petersilie über den abgetropften Blumenkohl streuen. Zum Garnieren einige Butterflöckchen daraufsetzen.

# Blumenkohlsuppe

Der Blumenkohl kam erst im 16. Jahrhundert aus dem Orient nach Mitteleuropa. Schon am Hofe Ludwigs XIV. wußte man ihn sehr zu schätzen. Ob als ganzer Kopf oder in Röschen aufgeteilt, stets verleiht er jeder Speisetafel eine dekorative Note.

*500 g Kalbsknochen, 1 1/2 Liter Salzwasser, 1 großer Blumenkohl, 2 EL Butter, 3 EL Mehl, 1 Prise Salz, 1 Prise Zucker, 1 Prise weißer Pfeffer, 1 Prise Cayennepfeffer, 1 TL Zitronensaft, 1/8 Liter süße Sahne, 3 hartgekochte Eier, 100 g Krabbenfleisch, 1 Bund Schnittlauch*

Die Kalbsknochen in dem Salzwasser etwa 60 Minuten auskochen und die Brühe anschließend durchsieben. Den Blumenkohl waschen, putzen, in große Röschen teilen und zusammen mit dem Strunk etwa 20 Minuten in der Brühe kochen. Den Kohl herausheben und abtropfen lassen. Eine Hälfte der Röschen warmstellen, den Rest im Mixer pürieren. Butter in einem Topf zerlassen, das Mehl darüberstreuen und hellgelb anschwitzen lassen, einen Liter Knochenbrühe darübergießen und unter Rühren aufkochen. Das Blumenkohlpüree dazugeben und die Suppe mit den Gewürzen und dem Zucker abschmecken. Anschließend mit Zitronensaft und der süßen Sahne verfeinern. Die Suppe noch etwa 5 Minuten leicht köcheln lassen. Zum Schluß die grobgehackten Eier und das Krabbenfleisch hinzufügen. Die Blumenkohlröschen in vier Suppentassen verteilen, die fertige Suppe darübergießen und mit Schnittlauchröllchen garniert servieren.

# Bohnen im Speckmantel

Viele Bohnengerichte erhalten ihren würzigen Geschmack erst durch das Bohnenkraut, das wegen seiner Schärfe auch Pfefferkraut genannt wird. Als Ursprungsgebiet dieses Gewürzes gilt der Mittelmeerraum und die Schwarzmeerregion. Heute wird das Bohnenkraut vorwiegend in südeuropäischen Ländern gezogen, man baut es aber auch bei uns an. Schon die Römer kannten das Bohnenkraut als Arznei und Gewürz. Die deutschen Benediktinermönche übernahmen es im 9. Jahrhundert und pflanzten es in ihren Kräutergärten an. Bohnenkraut gibt Bohnen und anderen Hülsenfrüchten nicht nur das pfefferartige Aroma, sondern macht sie auch bekömmlicher.

*750 g Brechbohnen, 40 g Butter, 1 Prise weißer Pfeffer, 1 Prise Bohnenkraut oder 2 Stengel frisches Bohnenkraut, 350 g durchwachsener Räucherspeck, 1 EL Butter*

Die Bohnen waschen, abziehen und in kochendem Salzwasser etwa 15 Minuten garen, auf einem Sieb abtropfen lassen und mit Küchenkrepp trockentupfen. Die Butter erhitzen, die Bohnen darin schwenken, anschließend mit Pfeffer und Bohnenkraut würzen und in Portionen teilen. Den Räucherspeck in 8 Scheiben schneiden, die Bohnen darin einwickeln und mit Zahnstochern feststecken. Die Bündel in eine mit Butter ausgestrichene feuerfeste Form legen und im vorgeheizten Grill etwa 10 Minuten grillen, bis der Speck knusprig braun ist.

# Bohnen-Kartoffel-Suppe

Der Nährwert der Bohnen ist außerordentlich hoch und läßt sich eigentlich nur noch mit Fleisch vergleichen. 100 g getrocknete Bohnen enthalten bis zu 26 g Eiweiß, bis zu 2,5 g Fett, 60–70 g Stärke, nur 5 g Zucker und 900 mg Lecithin. Darüber hinaus sind in Bohnen noch viele wichtige Mineralsalze enthalten. Bekanntlich sind alle Hülsenfrüchte schwer verdaulich, daher ist hartes Kochwasser nicht nur für Bohnen ungeeignet. Man löst dieses Problem, indem man dem Kochwasser eine Prise Natron (auch in Form von Backpulver) oder eine Prise Ingwer zugibt. Grüne Bohnen sollten nie roh gegessen werden, da die Wirkung des giftigen Phasins erst durch das Kochen aufgehoben wird.

*2 Knoblauchzehen, 2 Zwiebeln, 2 EL Öl, 400 g geschälte Kartoffeln, 1 große Dose weiße Bohnen (500 g Abtropfgewicht), Basilikum, weißer Pfeffer, Salz, 1 Ei, 2 Bund Petersilie*

Die Knoblauchzehen und Zwiebeln schälen, feinhacken und in dem erhitzten Öl glasig dünsten. Die Kartoffeln und die abgetropften Bohnen zugeben und so viel Bohnenwasser dazugießen, daß alles knapp bedeckt ist. Etwas Basilikum darüberstreuen und das Ganze zugedeckt etwa 45 Minuten garen lassen. Anschließend die Suppe mit dem Mixer pürieren oder durch ein feines Sieb streichen. Mit Pfeffer und Salz abschmecken. Das verquirlte Ei mit etwas Suppe verrühren und in die Suppe gießen, die jetzt nicht mehr kochen darf. In einer großen Terrine reichlich mit feingehackter Petersilie bestreut servieren.

# Bohnenpüree

Man wird im Sommer wohl kaum einen Gemüsegarten sehen, in dem die *Phaseolus vulgaris, var. nanus* – so der lateinische Name der Buschbohne – nicht angebaut wird. Obwohl viele Bohnensorten schon seit jeher in Mitteleuropa verbreitet sind, kennen wir die Gartenbohne erst seit dem 16. Jahrhundert, als sie aus Süd- und Mittelamerika bei uns eingeführt wurde. Sie wird als Busch- oder als Stangenbohne kultiviert. Die Liste der Buschbohnensorten ist lang, allein in Deutschland sind über hundert grün- und gelbhülsige Arten bekannt. In der Regel werden allerdings nur fadenlose Buschbohnen angebaut. Gemüsepüree ist übrigens keine neuzeitliche Erfindung. Schon in ganz früher Zeit wurde Gemüse aller Art zu „Mus" verarbeitet, woraus dann der Sammelbegriff „Gemüse" abgeleitet wurde.

*750 g Brechbohnen, 2 EL Butter,*
*1/8 Liter süße Sahne*

Die Bohnen waschen, putzen und in Salzwasser etwa 20 Minuten kochen, so daß sie noch Biß haben. Anschließend die Bohnen in einem Eßlöffel Butter kurz dünsten. Das Gemüse durch ein Sieb streichen und mit der restlichen Butter vermengen. Zum Schluß das Püree mit der süßen Sahne verfeinern. Man reicht es am besten zu Steaks oder Lammbraten.

# Brokkoli mit Käsesauce

Was das Salz für die Suppe, ist für viele andere Gerichte die warme Käsesauce. Käse hat in Europa eine große Tradition. Nach den Franzosen und Italienern gelten die Bundesbürger als die größten Käseliebhaber. Der Pro-Kopf-Verbrauch an Käse liegt bei 12,5 kg und weist eine steigende Tendenz auf. Dies erinnert vielleicht auch an die von Martin Luther verfaßten Zeilen: „Wer erst mal richtig an den Käs' gerät, ihm wie die Maus hinfür nicht widersteht. Soll der Käse etwas taugen, hat er nicht zehntausend Augen wie einst Argus. Auch nicht klein, breit und dick, so soll er sein! Kein Methusalem an Jahren werd er durch langes Sparen; nein, der Büßerin reich an Tränen soll er gleichen, Magdalenen. Habakuk einst kochte Brei, breiig nicht der Käse sei! Was man liest vom Lazarus, gelte auch von caseus: Dort hört man's im Klageton, hier als Ruhm, er stinket schon."

*750 g Brokkoli.*
***Für die Sauce:*** *40 g Mehl, 60 g Butter, 1/4 Liter Milch, 100 g geriebener alter Gouda oder Parmesan, gemahlene Muskatnuß, Salz, 4 hartgekochte Eier, 200 g gekochter Schinken*

Brokkoli säubern und in einem Topf mit Salzwasser zugedeckt etwa 15 Minuten garen. Das Gemüse abtropfen lassen und warmstellen, das Gemüsewasser aufheben.
**Für die Sauce:** Das Mehl in der Butter hell anschwitzen, mit 1/4 Liter Brokkoliwasser und der Milch auffüllen und kurz aufkochen. Den geriebenen Käse darunterrühren und mit Muskatnuß und Salz abschmecken. Das Gemüse anrichten, die Sauce darübergießen und mit den Eihälften und dem gewürfelten Schinken garniert servieren.

# Brokkoli-Torte

Brokkoli sind enge Verwandte des Blumenkohls. Die kompakten Blütendolden können graugrün bis grünviolett sein und sitzen etwas lockerer als die des Blumenkohls. Brokkoli können mehrmals geerntet werden, da sich nach der ersten Ernte bis zu den Herbstfrösten aus den Blattachseln immer wieder neue Triebe bilden.

*1/2 Liter Salzwasser, 1/2 TL Knoblauchgewürz, 750 g Brokkoli.*
***Für den Teig:*** *250 g Mehl, 125 g Butter, 1 Ei, Salz, 1 Prise Zucker.*
***Für die Füllung:*** *1/8 Liter süße Sahne, 4 Eier, 50 g geriebener Parmesankäse, Salz, weißer Pfeffer, 200 g gekochter Schinken*

Das Salzwasser mit dem Knoblauchgewürz zum Kochen bringen, die geputzten Brokkoli dazugeben und etwa 10 Minuten bei kleiner Hitze garen.
**Für den Teig:** Aus Mehl, Butter, dem Ei, Salz und Zucker einen Knetteig herstellen. Den Teig in eine gefettete und mit Mehl ausgestreute Springform geben, dabei einen 4 cm hohen Rand andrücken und 10–12 Minuten im auf 200°C geheizten Backofen vorbacken.
**Für die Füllung:** Die Sahne mit Eiern, Parmesankäse und den Gewürzen verquirlen. Die gegarten Brokkoli auf einem Sieb abtropfen lassen, auf den Teigboden geben, den in Würfel geschnittenen Schinken darauf verteilen und die Sahne-Ei-Mischung darübergießen. Die Brokkoli-Torte im auf 200°C vorgeheizten Backofen 20 Minuten fertigbacken und heiß servieren. Dazu schmeckt sehr gut ein trockener Weißwein.

# Cannelloni mit Spinatfüllung

Der Spinat kam aus dem Orient über Spanien nach Mitteleuropa und wird von Albertus Magnus im 13. Jahrhundert zum ersten Mal erwähnt. Seit dem 16. Jahrhundert ist er bei uns weit verbreitet und verdrängte die damals bekannte Gartenmelde – wie der Spinat ein Gänsefußgewächs – vom Speiseplan. Spinat findet sich das ganze Jahr über als Winter- oder Sommerspinat im Angebot.

---

*1 Paket Cannelloni
(250 g, „ohne Vorkochen").*
**Für die Füllung:** *2 EL Butter,
400 g tiefgefrorener Spinat, Salz,
weißer Pfeffer, gemahlene Muskatnuß.*
**Für die Sauce:** *1 mittelgroße Zwiebel,
1 EL Butter, 1 große Dose geschälte Tomaten
(800 g), Majoran, Basilikum, 4 EL geriebener
Parmesankäse, 1 EL Butter*

---

**Für die Füllung:** In einem Topf die Butter erhitzen, den tiefgefrorenen Spinat darin auftauen und anschließend mit Salz, Pfeffer und Muskatnuß abschmecken.

**Für die Sauce:** Die feingehackte Zwiebel in der Butter glasig dünsten und anschließend mit den Tomaten und dem Saft aus der Dose zu einer Sauce verrühren, mit Salz, Pfeffer, Majoran und Basilikum abschmecken und aufkochen lassen.

Die Cannelloni mit dem Spinat füllen und in eine eingefettete feuerfeste Kasserolle legen. Die warme Tomatensauce darübergießen, mit dem geriebenen Parmesankäse bestreuen und mit der geschmolzenen Butter beträufeln. Die Kasserolle in den auf 250°C vorgeheizten Backofen schieben und das Ganze zugedeckt etwa 30–40 Minuten überbacken. Man serviert dazu einen trockenen Rotwein.

# Chicoréesalat

Die Existenz des Chicoréegemüses verdanken wir dem Zufall. Brézier, der Chefgärtner des Brüsseler botanischen Gartens, hatte 1845 die zunächst unwesentlich erscheinende Entdeckung gemacht, daß in einem dunklen Keller Zichorienwurzeln trotz Dunkelheit nochmals zu treiben begonnen hatten. Diese Triebe, so fand der Gärtner, waren ausgesprochen schmackhaft. Man experimentierte mit der Wurzel und hatte nach zwei Jahrzehnten eine neue Gemüsesorte mit delikatem Geschmack, die obendrein der Gesundheit auch noch äußerst zuträglich ist. Damit der Chicorée nicht unnötig bitter wird, sollte man ihn dunkel lagern, am besten im Gemüsefach des Kühlschranks.

2 große Stauden Chicorée.
**Für die Marinade:** 4 EL Weinessig, 6 EL Öl, 2 TL Senf, 1 TL Salz, 1 Messerspitze weißer Pfeffer, 4 hartgekochte Eier, 200 g gekochtes Krabbenfleisch, 12 paprikagefüllte Oliven, 16 schwarze Oliven, 1 Bund Dill

Zunächst von den Chicoréestauden einige schöne große Blätter abtrennen, abspülen und mit Küchenkrepp trockentupfen. Von dem restlichen Chicorée den Strunk entfernen, die Blätter warm waschen, abtropfen lassen und in dünne Streifen schneiden.
**Für die Marinade:** Essig und Öl verrühren und mit Senf, Salz und Pfeffer abschmecken. Die Eier schälen, halbieren und das zerdrückte Eigelb in der Marinade verrühren. Das Eiweiß kleinhacken und ebenfalls zu der Marinade geben. Nun die Chicoréestreifen, das Krabbenfleisch und die Oliven mit der Marinade vermengen. Die zuvor abgetrennten großen Blätter auf einem Teller anrichten, den Salat hineinfüllen und mit Dill garniert servieren.

# Chinakohleintopf

Noch bis vor wenigen Jahren wurde in Westeuropa nur eine Sorte Chinakohl angebaut, nämlich der Cantoner Witkrop, der auch unter dem Namen Granat bekannt ist. Lange schmale und lockere Köpfe kennzeichnen diese Sorte. Unter dem Namen Hongkong und Nagaoka kommen aber verstärkt weitere Sorten auf den Markt. Sie sind an den kürzeren, breiteren und festeren Köpfen zu erkennen und schmecken auch besser.

*750 g Ochsenbrust, 1 kg Chinakohl, 3 mittelgroße Karotten, 1 dicke Stange Porree, 1/4 Sellerieknolle, Salz, weißer Pfeffer, 1 Prise Zucker, 2 TL gehackte Petersilie*

Das Fleisch gründlich waschen, mit Küchenkrepp trockentupfen und in 1/2 Liter siedendem Salzwasser 60 Minuten garen lassen. Inzwischen den Chinakohl waschen, eventuell die Außenblätter entfernen und den Kohl in Streifen schneiden. Das restliche Gemüse – Karotten, Porree und Sellerie – putzen, in Scheiben oder Würfel schneiden und nach den 60 Minuten Garzeit auf das Fleisch schichten. Mit Salz, Pfeffer und Zucker bestreuen und zugedeckt bei mittlerer Hitze weitere 30 Minuten garen lassen. Zuletzt das Fleisch vorsichtig herausheben, in Würfel schneiden und wieder unter das Gemüse mischen. Vor dem Servieren den Eintopf noch einmal abschmecken und die gehackte Petersilie darüberstreuen.

# Fruchtiger Chinakohlsalat

Der Chinakohl, auch Pekingkohl genannt, ist ein Verwandter unseres Weißkohls und kam erst um die Jahrhundertwende nach Europa. In seinem chinesischen Heimatland wird er meist als Gemüse zubereitet, während man ihn bei uns häufig für schmackhafte Salate verwendet. Chinakohl wird vor allem im Herbst, aber auch im Winter angeboten.

*2 Äpfel, 300g Chinakohl, 200g Gouda, 1 EL Sultaninen, 3 EL Rum, 1 Dose Mandarinen (190g).*
***Für die Sauce:*** *150g Joghurt, 1 EL flüssiger Honig, 1/2 TL Senf, Saft von 1 Zitrone. Zur Garnierung: 1 Apfelsine*

Die Äpfel schälen, vom Kerngehäuse befreien und wie auch den gewaschenen Kohl und den Käse in feine Streifen schneiden. Die Sultaninen mit dem Rum tränken und anschließend über einem Sieb abgießen. Die Mandarinen ebenfalls abgießen und gut abtropfen lassen.
**Für die Sauce:** Joghurt, Honig, Senf und Zitronensaft zu einer Sauce verrühren, mit den übrigen Zutaten gut vermischen und abschmecken. Den fertigen Salat auf einer Platte anrichten und nach Belieben mit Apfelsinenstückchen garnieren.

# Chinesischer Salat

Bohnenkeimlinge sind seit jeher in der chinesischen und indonesischen Küche zu Hause, bereichern aber seit Jahren auch die europäische Küche. Diese Keimlinge, die bei uns unter manchen Phantasienamen auf dem Markt sind, werden aus den verschiedensten Bohnen gezogen. Zum überwiegenden Teil verbergen sich hinter unterschiedlichen Handelsnamen aber die Keimlinge der Sojabohne. Sojabohnenkeime können aber auch leicht selbst gezogen werden. Der Bohnensamen wird zwischen feuchte Flanelltücher gelegt und im Dunkeln bei 20–22°C zum Keimen gebracht. Bereits nach wenigen Tagen werden die ersten Keimwurzeln sichtbar, die zusammen mit den gelblichen Samen bereits das Ernteprodukt bilden. Man sollte sie innerhalb von zwei bis drei Tagen verzehren. Übrigens bietet auch der Handel neben den Konserven frische Keimlinge an.

---

*250 g Sojabohnenkeimlinge aus der Dose.*
***Für die Sauce:*** *1 Zwiebel, Salz, weißer Pfeffer, 2 EL Essig, 1 EL Sherry, 2 EL Öl, 2 EL süße Sahne.*
***Zur Garnierung:*** *50 g ungesalzene Erdnußkerne, 1 TL Öl*

---

Die Sojabohnenkeime abtropfen lassen.
**Für die Sauce:** Aus der geschälten und gewürfelten Zwiebel, den Gewürzen, dem Essig, Sherry, Öl und der süßen Sahne eine Sauce bereiten. Die Sojabohnenkeime in eine Schüssel geben, gut mit der Sauce vermischen und 30 Minuten ziehen lassen.
**Für die Garnierung:** In der Zwischenzeit die Erdnußkerne in dem heißen Öl hellbraun rösten und vor dem Servieren über den durchgezogenen Salat geben.

# Dicke Bohnen mit Speck

Der Juli ist die hohe Zeit der dicken Bohnen, die auch Puff- oder Saubohnen genannt werden, denn in dieser Zeit gibt es sie besonders frisch und zart. Dicke Bohnen haben eine alte Tradition. Schon bei den Römern waren sie ein weitverbreitetes Volksgericht. Bei uns gelten sie in Westfalen und im Rheinland als besondere Spezialität. Heimische Poeten besangen die „Graute-Bohnen-Tide" als die schönste Zeit des Sommers mit dem Stoßseufzer: „Bauch, werd mir nochmal so weit!" Und ein altes Sprichwort sagt: „Drei große Bohnen sind so gut wie ein Mund voll Brot." Sei's denn drum.

---

*1 mittelgroße Zwiebel, 50 g Butter,
750 g dicke Bohnenkerne,
50 g durchwachsener Räucherspeck,
1/2 TL Bohnenkraut.
**Für die Sauce:** 40 g Butter, 30 g Mehl,
1/8 Liter süße Sahne, 1/2 Bund Petersilie*

---

Die Zwiebel in feine Würfel schneiden und in der erhitzten Butter bräunen. Bohnen, Speck und Bohnenkraut dazugeben, mit Wasser aufgießen und das Ganze etwa 60 Minuten garen. Den Kochsud abgießen und aufheben. Den Speck aus dem Topf nehmen, in Scheiben schneiden und warmstellen.
**Für die Sauce:** Aus Butter und Mehl eine helle Mehlschwitze bereiten, mit etwa 1/2 Liter Kochsud auffüllen und 10 Minuten bei milder Hitze kochen lassen. Anschließend die Sahne unterrühren und die Bohnen in die Sauce geben. Beim Anrichten mit feingehackter Petersilie bestreuen und die Speckscheiben darauflegen. Dazu schmecken Kartoffeln und ein kühles Bier.

# Fenchel in würziger Tomatensauce

Schon von griechischen Schriftstellern wird der Süßfenchel erwähnt, denn ihm kam im Altertum eine nicht unbedeutende Rolle zu. Die Teilnehmer der feierlichen Mysterien oder Bacchanalien zu Ehren des Gottes Dionysos bekränzten sich das Haupt mit Fenchelgirlanden. Die Heilkraft des im Fenchelsamen enthaltenen Öls entdeckte man erst sehr viel später.

---

*750 g Fenchel, weißer Pfeffer, gemahlene Muskatnuß.*
***Für die Sauce:*** *400 g Tomaten, 40 g Butter, 1 mittelgroße Zwiebel, 1/2 Liter Fleischbrühe, 30 g Mehl, Salz, 1–2 TL Edelsüßpaprika, 1 Prise Zucker*

---

Die Fenchelknollen waschen, welke und braune Blätter entfernen und die Wurzelenden abschneiden. Die geputzten Knollen halbieren, in kochendes Salzwasser geben, mit Pfeffer und Muskatnuß würzen und bei kleiner Hitze etwa 25 Minuten garen.

**Für die Sauce:** Die Tomaten waschen, vierteln und die Stengelansätze entfernen. In einem Topf die Butter zerlassen und darin die gewürfelte Zwiebel andünsten, die Tomaten zugeben und etwa 5 Minuten braten. Mit der Fleischbrühe aufgießen und weitere 10 Minuten bei starker Hitze kochen. Danach die Sauce durch ein feines Sieb in einen anderen Topf passieren. Das Mehl mit etwas Wasser verrühren, unter ständigem Rühren in die Sauce geben, diese dann 5 Minuten köcheln lassen und anschließend mit Salz, Pfeffer, Paprika und Zucker abschmecken. Die gekochten Fenchel mit der Sauce in einer Schüssel anrichten.

# Überbackene Fenchelknollen mit Schinken

Zwar wird Fenchel überall im Mittelmeerraum sowie in Vorderasien bis Persien angebaut, doch darf man dieses Gemüse getrost als klassisch italienisch bezeichnen. Als Hauptanbaugebiet des *finocchio* gelten vor allem Sizilien, die Toskana und die Gegend um Neapel. In seinem Ursprungsland wird der Fenchel meist roh als Nachtisch gegessen. Die Sizilianer meinen sogar, daß Fenchel die Zähne putzt. Ob dies stimmt, mag allerdings angezweifelt werden. Richtig hingegen ist sicherlich, daß roh verzehrter Fenchel einen hohen Vitamin-C-Gehalt besitzt. Von Ernährungswissenschaftlern wird Fenchel wegen seines Reichtums an Vitaminen und Mineralien besonders empfohlen, seine heilsame Wirkung ist wohlbekannt. So ist es ziemlich unverständlich, daß der Fenchel auf deutschen Speisezetteln ein gewisses Schattendasein führt, zumal er sich leicht zubereiten läßt und dieses Gemüse außerdem noch recht preiswert ist.

*6 mittelgroße Fenchelknollen, Saft von 1/2 Zitrone, 200 g geriebener Gouda, 100 g Butter, 200 g roher Schinken*

Die gut gesäuberten Fenchelknollen in Salzwasser mit dem Zitronensaft 10 Minuten garen. Anschließend das Gemüse auf einem Sieb abtropfen lassen. Danach die Knollen halbieren, in eine eingefettete feuerfeste Form geben, mit dem geriebenen Käse und mit Butterflöckchen bestreuen und das Ganze im Backofen bei 170°C etwa 15 Minuten überbacken. Mit Schinkenscheiben angerichtet servieren.

# Fischsuppe auf Großmutters Art

In diese Suppe gehört Safran, auch wenn dieses einst so bekannte arabische Gewürz in der deutschen Küche – vermutlich wegen seines hohen Preises – fast gänzlich in Vergessenheit geraten ist. Safran wird als Gewürz, Arzneimittel und als Farbstoff genützt. Bevor man ihn festen Speisen zugibt, wird Safran immer erst in etwas Flüssigkeit aufgelöst.

*375 g Tomaten, 500 g Kartoffeln, 2 große Zwiebeln, 1 Bund Suppengemüse, 2 kg Fisch, zu gleichen Teilen Kabeljau-, Rotbarsch- und Seelachsfilet und Makrelenstückchen, 2 Knoblauchzehen, 6 EL Öl, Salz, weißer Pfeffer, 1 Bund Petersilie, 2 Lorbeerblätter, 1/2 TL Zitronensaft, 1 1/4 Liter Fleischbrühe, 1 Messerspitze Safran, 1 EL trockener Weißwein*

Die Tomaten überbrühen, häuten und vierteln. Die Kartoffeln schälen und in Scheiben schneiden, die Zwiebeln und das gewaschene Suppengemüse kleinschneiden. Die einzelnen Fischsorten in Portionsstücke zerteilen. Die ganzen Knoblauchzehen zusammen mit den Zwiebelwürfeln in heißem Öl 10 Minuten dünsten, das Suppengemüse dazugeben und alles weitere 20 Minuten durchdünsten. Dann die Kartoffeln und Tomaten hineingeben, mit Salz, Pfeffer, Petersilie, Lorbeerblättern und Zitronensaft würzen, den Fisch hinzufügen und die Fleischbrühe darübergießen. Zum Schluß den Safran in etwas Weißwein auflösen und einrühren. Alles zum Kochen bringen und anschließend bei schwacher Hitze noch 20 Minuten garziehen lassen. Den Fisch und das Gemüse herausheben und auf einer Platte anrichten, die kräftig abgeschmeckte Brühe dazureichen.

# Frikadellen mit Paprika-Zwiebel-Gemüse

Mit den Hugenotten kam im 18. Jahrhundert auch die französische Küche in die Mark Brandenburg und wurde in Berlin begeistert begrüßt. Heute dürfte den meisten Berlinern diese Tradition überhaupt nicht mehr bewußt sein, obwohl sie in ihrer Küche fest verwurzelt ist. So ist denn auch die ganz alltägliche Bezeichnung *Bulette* französischer Herkunft.

*250 g rote Paprikaschoten,
250 g grüne Paprikaschoten, 8 große Zwiebeln, 150 g durchwachsener Speck,
500 g kleine Tomaten, Salz, weißer Pfeffer,
375 g gemischtes Hackfleisch, 1 Ei,
1 EL Paniermehl, weißer Pfeffer,
Rosenscharfpaprika, 2 Zwiebeln, 30 g Butter*

Die Paprikaschoten halbieren, entkernen, gründlich waschen und in mundgerechte Stücke schneiden. Die geschälten Zwiebeln in Ringe schneiden, den Speck würfeln, die Tomaten überbrühen und häuten. Den Speck in einem Topf ausbraten und die Zwiebelringe darin kräftig andünsten. Die Paprikastücke und die halbe Menge der Tomaten dazugeben, salzen, kräftig mit Salz und Pfeffer abschmecken und alles zugedeckt etwa 20 Minuten schmoren lassen. Inzwischen aus dem Hackfleisch, dem Ei, dem Paniermehl, Pfeffer, Salz, Paprikapulver und den beiden kleingehackten Zwiebeln einen Hackteig zubereiten. Kleine Frikadellen formen und in der heißen Butter auf beiden Seiten je 5 Minuten goldbraun braten. Dem fertigen Gemüse die restlichen Tomaten zugeben und vorsichtig erwärmen, damit sie nicht zerfallen. Die Frikadellen auf dem Gemüse anrichten. Ein schwerer Rotwein schmeckt hierzu am besten.

# Frikadellen mit Porree in Sahnesauce

Der Name des Fleischermeisters aus Berlin, der die Bulette – bei uns als Frikadelle bekannt – zum „falschen Hasen" weiterentwickelte, ist nicht bekannt. Es war jedoch ebenfalls ein Berliner, der Kneipier Eduard Martin, der 1903 seine Gäste in der Landsberger Straße mit Hackepeter – einem Gemisch aus einem Drittel fettem und zwei Dritteln magerem, durchgedrehtem und gewürztem Schweinefleisch – überraschte.

*500 g Hackfleisch, 1 eingeweichtes Brötchen, 2 Eier, 2 Zwiebeln, Salz, Pfeffer, Edelsüßpaprika, 2 EL Öl, 8 große Stangen Porree, 2 EL Butter, 1/4 Liter Fleischbrühe.*
**Für die Sauce:** *300 g geriebener Emmentaler, 1/4 Liter saure Sahne, gemahlene Muskatnuß*

Das Hackfleisch in eine Schüssel geben, das ausgedrückte Brötchen hineinzupfen, die Eier und die gehackten Zwiebeln daruntermischen und mit Salz, Pfeffer und Paprikapulver würzen. Alle Zutaten gut vermengen, Frikadellen formen, diese in heißem Öl auf jeder Seite etwa 5 Minuten braunbraten und anschließend warmstellen. Die Porreestangen putzen, waschen, halbieren und in etwas Butter andünsten. Danach die Fleischbrühe hinzufügen und weitere 8 Minuten dünsten.
**Für die Sauce:** Den geriebenen Käse unter die Sahne rühren und mit Muskatnuß würzen. Die Porreestangen auf vier feuerfeste Teller verteilen, die Sauce portionsweise darübergießen und im vorgeheizten Backofen bei 250° C 5–10 Minuten überbacken, bis die Käsesauce goldbraun ist. Den überbackenen Porree zusammen mit den warmgehaltenen Frikadellen servieren.

# Gemüse-Hühner-Suppe

Es gibt wohl keine Küche der Welt, in der das Huhn nicht eine herausragende Rolle spielt, in China mit Ingwer, in Arabien mit Mandeln, in Mexiko mit Schokolade, in Indien mit Curry, in Spanien mit Safran, in Italien mit Tomaten.

*1 Suppenhuhn (1 kg), 2 mittelgroße Zwiebeln, 1 dicke Stange Porree, 4 mittelgroße Karotten, 1/4 Sellerieknolle, 2 EL Butter, 1 Prise Safran, 1 TL Curry, 2 TL Salz, 1 Bund Petersilie, 1 Lorbeerblatt, 2 Knoblauchzehen, 1 große Dose geschälte Tomaten (800 g), 1 Glas trockener Weißwein, 1 kleine Dose Erbsen (400 g), weißer Pfeffer*

Das Suppenhuhn gründlich waschen und zerteilen. Die Zwiebeln schälen und feinhacken. Die Porreestange, die Karotten und die Sellerieknolle putzen, waschen und kleinschneiden. Die Butter in einem Topf erhitzen, das Gemüse dazugeben, mit dem in etwas Wasser aufgelösten Safran und Curry würzen und alles dünsten. Die Geflügelstücke hineinlegen, mit 1 Liter Wasser auffüllen, Salz, einige Stengel Petersilie, das Lorbeerblatt und die geschälten Knoblauchzehen dazufügen und das Ganze etwa 40 Minuten bei schwacher Hitze kochen lassen. Die Hühnerflügel und die Knoblauchzehen herausnehmen. Den Saft der abgetropften Tomaten zusammen mit dem Weißwein in die Suppe geben. Weitere 40 Minuten kochen lassen, bis sich das Fleisch von den Knochen löst. Die Knochen und die Haut entfernen und die Fleischstücke nach Belieben in mundgerechte Stücke teilen. Die abgetropften Erbsen und die Tomaten in den Topf geben, nach Geschmack mit Salz und Pfeffer nachwürzen und alles nochmals kurz aufkochen. Die Suppe mit der restlichen feingehackten Petersilie bestreut servieren.

# Gemüse-Käse-Auflauf

Der Emmentaler hat in der Küche unter den Käsesorten wohl die längste Tradition. Sein Ursprungsland ist der Schweizer Kanton Bern. Dieser Hartkäse muß etliche Monate reifen und erreicht hierbei einen Fettgehalt von 60% i.Tr. und mehr. Bei den Löchern handelt es sich übrigens um Kohlensäureblasen, die durch Bakterien bei der Herstellung entstehen. Junger Emmentaler hat einen leicht süßlichen, nußartigen und milden Geschmack. Je älter er wird, desto kräftiger wird sein Aroma, desto besser schmilzt er und überzieht die jeweiligen Speisen mit einem würzigen Käsemantel.

*2 rote Paprikaschoten, 2 grüne Paprikaschoten, 500 g frische Champignons, 4 EL Öl, 300 g gekochter Schinken.*
***Für die Sauce:*** *6 Eier, 300 g saure Sahne, 250 g Emmentaler, gemahlene Muskatnuß, Salz*

Die Paprikaschoten halbieren, gründlich putzen, waschen und in Streifen schneiden. Die Champignons putzen, waschen und vierteln. Das Öl in einem Topf erhitzen, darin die Paprika, Pilze und den gewürfelten Schinken etwa 8 Minuten dünsten und anschließend in eine feuerfeste Form füllen.
**Für die Sauce:** Die Eier, die saure Sahne und den geriebenen Emmentaler verrühren und mit Muskatnuß und Salz abschmecken. Die Sauce über das Gemüse gießen und die Form in den kalten Backofen stellen. Den Auflauf bei 200°C 30 Minuten backen, dann mit Pergament abdecken und für weitere 20 Minuten in den Ofen geben.

# Gemüseeintopf mit Hackfleischklößchen

Der Kartoffelanbau erlebte seit dem 13. Jahrhundert unter den Inkas eine Blütezeit. Die Spanier lernten dieses Knollengemüse im westlichen Südamerika, in Chile und Peru, kennen und brachten es 1565 nach Europa. Durch italienische Söldner gelangten die Knollen während des Dreißigjährigen Krieges nach Deutschland. Hundert Jahre später sorgte der Preußenkönig Friedrich der Große für eine weite Verbreitung der Kartoffel.

*300 g Karotten, 750 g Suppengemüse, 400 g Kartoffeln, 1 1/2 Liter Fleischbrühe, Knoblauchpulver, Zucker, Salz, Suppenkräuter, 1 mittelgroße Zwiebel, 1 eingeweichtes Brötchen, 1 Ei, 1 TL Senf, 400 g gemischtes Hackfleisch, weißer Pfeffer, 1 Bund Petersilie*

Die Karotten und das Suppengemüse putzen, waschen und kleinschneiden. Die Kartoffeln schälen, waschen und in Würfel schneiden. Das Gemüse zur Fleischbrühe geben, mit Knoblauchpulver, Zucker und Salz abschmecken, die Suppenkräuter zufügen und die Suppe 20 Minuten kochen. In der Zwischenzeit die feingehackte Zwiebel zusammen mit dem ausgedrückten Brötchen, dem Ei, Senf und dem Hackfleisch vermischen und mit Salz und Pfeffer würzen. Aus dem Fleischteig etwa walnußgroße Klößchen formen. Anschließend die Fleischklößchen in die Suppe geben und 10 Minuten darin ziehen lassen. Die feingehackte Petersilie kurz vor dem Servieren über die Suppe streuen.

# Gemüsepüree

Die ältere Generation erinnert sich sicher mit Schrecken an den „Steckrübenwinter" von 1916/17 im Ersten Weltkrieg, als in Deutschland und Österreich diese Rüben die einzige, zwar überlebenswichtige, aber auf die Dauer doch recht eintönige Kost bildeten. Daß mit Steckrüben aber schmackhafte Beilagen zubereitet werden können, zeigt das folgende Rezept. Steckrüben haben zudem einen hohen Vitamingehalt und sind arm an Kalorien.

*2 mittelgroße Karotten, 2 Stangen Porree, 2 mittelgroße Kartoffeln, 1/2 Sellerieknolle (etwa 300 g), 1 Steckrübe (etwa 300 g), 100 g Spinat, 1 kleiner Weißkohl (etwa 300 g), 80 g Butter, Salz, Pfeffer, 1 Scheibe Graubrot*

Das gesamte Gemüse und die Kartoffeln putzen, waschen und kleinschneiden, in kochendem Salzwasser 35–40 Minuten garen und auf einem Sieb abtropfen lassen. Anschließend mit dem Mixer pürieren. Das Püree aufkochen, 30 g Butter unterrühren und mit Salz und Pfeffer abschmecken. Das Graubrot zerkrümeln, in der restlichen Butter anrösten und über das in einer Schüssel angerichtete Püree streuen.

# Gemüsesalat

Mißbilligend bemerkte in einem vornehmen Restaurant ein Gast zu der Bestellung seines Gegenübers: „Sagen Sie bloß, Sie nehmen zweimal Gemüse?", denn dieser hatte Gemüsesalat zur Vorspeise und als Hauptgericht Wachtelbrüstchen mit Gemüsezwiebeln gewählt. Das Menü wurde zum Zankapfel, und es kam zu einer Diskussion ohnegleichen. Bald war man auch wieder bei der Grundsatzfrage angelangt: „Das Sorbet vor dem Braten oder nachher?" Der wahre Gourmet aber saß abseits, genoß eine Tomatenessenz und dachte kopfschüttelnd: „Ihr mit euren Ideologien, ihr könnt mich gern haben, von euch lasse ich mir die heitere Unschuld des Essens nicht verderben!"

*1 großer Blumenkohl, 2 mittelgroße Karotten, 1 Kohlrabi, 400 g mittelfeine Erbsen aus der Dose, 250 g gekochter Schinken.*
**Für die Sauce:** *3 EL Essig, Salz, gemahlener schwarzer Pfeffer, 1/2 TL scharfer Senf, 3 EL Öl, 1 Bund Petersilie*

Den Blumenkohl und die Karotten sorgfältig putzen und waschen, den Kohlrabi schälen, den Blumenkohl in kleine Röschen teilen und alles in leicht gesalzenem Wasser 7 Minuten garen. Auf einem großen Sieb abgießen, abtropfen und auskühlen lassen. Die Karotten in dünne Scheiben schneiden, die Erbsen abtropfen lassen, den Kohlrabi ebenso wie den Schinken feinwürfeln. Die Gemüsezutaten mit dem Schinken gut vermischen.
**Für die Sauce:** Essig, Salz, Pfeffer und Senf verrühren, das Öl darunterziehen und die Sauce unter den Salat geben. Die Petersilie waschen, einige Stengel zur Dekoration zurückbehalten und den Rest feingehackt über den Salat streuen.

# Gemüsespieße

Knoblauch ist eine der ältesten bekannten Heilpflanzen. Es gibt Hinweise darauf, daß schon die ägyptischen Arbeiter, die mit dem Bau der Pyramiden beschäftigt waren, streikten, wenn sie ihre tägliche Knoblauchration nicht bekamen. Hunderte von Jahren half Knoblauch als Arzneimittel bei Infektionskrankheiten und anderen Beschwerden. Seine gesundheitliche Wirkung ist heute durch die Forschung weitgehend bestätigt. Im Mittelalter galt der Knoblauch als einzig „sichere" Waffe gegen Vampire.

*8 EL Zitronensaft, 2 TL Knoblauchgewürz, 400 g Zucchini, 200 g Champignons, 6 mittelgroße Zwiebeln, 200 g durchwachsener Speck, 4 EL Öl, Salz, weißer Pfeffer*

Den Zitronensaft mit dem Knoblauchgewürz verrühren. Die gewaschenen Zucchini in Scheiben schneiden, die Champignons waschen und putzen. Die Zucchinischeiben und die ganzen Champignons mit dem Gemisch aus Zitronensaft und Knoblauchgewürz bestreichen und 30 Minuten durchziehen lassen. Die Zwiebeln schälen und ebenso wie den Speck in große Würfel schneiden. Alle Zutaten nun abwechselnd auf die Spieße reihen, diese unter dem vorgeheizten Grill von jeder Seite etwa 5 Minuten grillen und dabei ab und zu mit Öl bepinseln. Zum Schluß die gegrillten Gemüsespieße mit Salz und Pfeffer würzen. Dazu serviert man einen trockenen Weißwein oder ein kräftiges Bier.

# Gemüsetopf

Bohnen hatten im Altertum eine unheimliche, von Schrecken begleitete symbolische Bedeutung, sie galten als unrein. Heute läßt man sich ihren Genuß aber durch keinerlei Aberglauben mehr verdrießen.

*3 mittelgroße Kartoffeln, 2 kleine Artischokken, Saft einer 1/2 Zitrone, 400 g Spargel, 1 Bund Radieschen, 800 g grüne Bohnenkerne aus der Dose, 400 g mittelfeine Erbsen aus der Dose, 75 g junge Zwiebeln mit Grün, 100 g fetter Speck, 2 EL Öl, 1 Prise Salz, Thymian, 1 Bund Petersilie*

Die geschälten Kartoffeln in Schnitze schneiden. Von den Artischocken das obere Drittel der Blätter abschneiden, die Frucht vierteln, das „Heu" entfernen und die Schnittflächen mit Zitrone beträufeln. Den Spargel schälen, die holzigen Enden abschneiden und in Stücke zerteilen. Die Radieschen putzen und waschen. Das Gemüse der Reihe nach in einen großen Topf mit Salzwasser geben: Zunächst die Artischocken etwa 10 Minuten kochen, dann die Kartoffelschnitze und die Spargelstücke, 10 Minuten später die Radieschen und nach weiteren 5 Minuten die restlichen Gemüsesorten – die abgetropften Bohnenkerne und Erbsen – dazugeben. Das Ganze noch weitere 5 Minuten garen. Anschließend das Gemüse abschütten, auf einem Sieb abtropfen lassen und etwas Gemüsebrühe aufheben. Inzwischen die Zwiebeln samt dem Grün kleinschneiden, den Speck feinwürfeln und alles zusammen mit dem Öl in einem großen Topf leicht dämpfen, bis die Zwiebeln glasig sind und der Speck ausgelassen ist. Das Gemüse hinzugeben und zugedeckt in dem zurückbehaltenen Gemüsewasser erhitzen. Zum Schluß mit Salz und Thymian würzen und mit der feingehackten Petersilie garnieren. Sehr gut schmeckt dazu ein leichter Weißwein.

# Überbackene Gemüseomeletts

Marcel Boulestin, einer der großen Meister der Haute Cuisine Frankreichs, schrieb einmal über das Omelett: „Wenn ich nicht fürchtete, der Paradoxie und schlechten Grammatik beschuldigt zu werden, würde ich sagen, ein Omelett sei ein schnell gebackenes Rührei. Es ist genau dasselbe, nur, daß es auch genau das Gegenteil ist. Geschmack und Aussehen sind natürlich ganz verschieden, da Rühreier weich und rahmig sind und äußerst langsam unter ständigem Rühren auf schwachem Feuer gebacken werden."

*Für die Omeletts:* 100 g gekochter Schinken, 150 g Mehl, 4 Eier, 1/8 Liter Milch, 1/4 TL Salz, 1 Prise weißer Pfeffer, 2 Eßlöffel Öl.
*Für die Füllung:* 1 Tasse gedünstete feine Erbsen, 1 Tasse gedünstete grüne Bohnen, 1 Tasse in Stücke geschnittene gedünstete Karotten, 1 Tasse gestiftelte Salatgurke, 2 EL gehackte Küchenkräuter, 1 EL Öl, 200 g Gouda

**Für die Omeletts:** Den Schinken in feine Streifen schneiden, das Mehl, die Eier, die Milch und die Gewürze gut verquirlen, die Schinkenstreifen zufügen und 4 Omeletts in Öl backen.

**Für die Füllung:** Das gesamte Gemüse mit den Kräutern und einem Eßlöffel Öl in einem Topf erhitzen. Etwa die Hälfte der Käsemenge feinwürfeln und zu dem Gemüse in den Topf geben. Den restlichen Käse grob reiben. Das Gemüse in die Omeletts füllen und diese dann in eine feuerfeste Form legen. Mit dem geriebenen Käse bestreuen und das Ganze im auf 200°C vorgeheizten Backofen 2–3 Minuten überbacken.

# Grillkoteletts mit Zucchini und Tomaten

Beim Umgang mit Gewürzkräutern kommt es auf die feinfühlige und subtile Dosierung der einzelnen Gewürze an. Kräuter der Provence nennt man eine fertige Mischung aus Basilikum, Fenchel, Majoran, Lavendel, Rosmarin und Thymian. Individuelle Gewürzmischungen selbst herzustellen, kann überaus reizvoll sein. Sehr intensive Gewürze, das versteht sich eigentlich von selbst, sind sparsam anzuwenden. Auch sollte man nie zu große Mengen mischen, denn gemahlen und zerkleinert verlieren Gewürze schnell an Aroma und Würzkraft.

*4 Nackenkoteletts vom Schwein, 2 TL getrocknete Kräuter der Provence, 8 EL Öl, 1 TL frisch gemahlener schwarzer Pfeffer, 4 Zucchini, 4 Tomaten, Salz, gemahlener schwarzer Pfeffer*

Die Koteletts waschen und mit Küchenkrepp trockentupfen. Die Kräuter der Provence mit 6 EL Öl und dem Pfeffer verrühren und darin die Koteletts unter häufigem Wenden 30 Minuten marinieren. Zucchini und Tomaten waschen, die Zucchini an den Enden geradeschneiden und der Länge nach halbieren, die Tomaten kreuzweise einschneiden. Die Koteletts aus der Marinade nehmen, erneut trockentupfen, auf den geölten Rost des heißen Grills legen und von jeder Seite 5–6 Minuten grillen. Die Zucchinihälften und die Tomaten mit Öl bestreichen, mit Salz und Pfeffer würzen und die Zucchini 6–8 Minuten, die Tomaten 2–3 Minuten an den Rand des Grillrosts legen und mitgrillen. Die Zucchini zwischendurch wenden. Die fertigen Nackenkoteletts leicht salzen und mit dem Gemüse servieren. Dazu paßt ein kühles Bier.

# Grünkohl mit Mettwurst

Joest Lips – er nannte sich latinisiert auch Justus Lipsius –, der berühmte niederländische Altphilologe, reiste im Winter 1570/71 durchs Oldenburgische. In einem Gasthof bestellte er beim Wirt, „was er hat an Landesspeisen". Ihm wurde Grünkohl aufgetischt. Dieses Mahl scheint dem Philologen wohl gemundet zu haben, denn er lobte: „Es war ein herrlich' Gericht, dies ungeheu' kumm' voll des brunen Kohls. Einen Finger breit darüber fließt die Brüh' von Schweinefett. Ich habe sie mit recht Genuß verschlungen."

*2 kg Grünkohl, 50 g Schweineschmalz, 1 mittelgroße Zwiebel, weißer Pfeffer, Salz, 1 Prise Zucker, 3/4 Liter Fleischbrühe, 40 g Butter, 40 g Mehl, 4 Mettwürstchen oder grobe geräucherte Bauernbratwürste*

Den Grünkohl gründlich waschen, die Blätter von den Strünken abschneiden und in kochendem Salzwasser 10 Minuten ziehen lassen. Den Kohl herausnehmen, abtropfen lassen und anschließend grobhacken. Das Schmalz in einem Topf erhitzen und die geschälte und gewürfelte Zwiebel darin anbraten. Den Grünkohl zugeben, mit Pfeffer, Salz und Zucker würzen, 1/2 Liter von der Fleischbrühe dazugießen und das Gemüse etwa 60 Minuten kochen. Die Butter in einem Topf zerlassen, das Mehl zugeben, leicht bräunen, die restliche Fleischbrühe zugießen und unter häufigem Umrühren 5–8 Minuten kochen. Die Mehlschwitze zu dem Kohl geben und gut unterrühren. Die Mettwürste darauflegen und etwa 10 Minuten in dem Kohl erhitzen. Vor dem Servieren den Kohl nochmals abschmecken. Man serviert dazu einen kalten klaren Korn und ein kräftiges Bier.

# Gurkengemüse

Gurken baut der Mensch schon seit über 4000 Jahren an. Die südlichen Hänge des Himalaja-Massivs werden als Ursprungsheimat dieser Gemüsepflanze angegeben. Auch den alten Ägyptern scheinen Gurken gut bekannt gewesen zu sein, denn bei Ausgrabungen fand man Reliefs, die Gurken zeigen. Und man höre und staune: Etwa im 8./7. Jahrhundert v. Chr. wurde die ionische Stadt Mekone, das bedeutet Mohnstadt, ob ihrer Verdienste in Sikyón, also in Gurkenstadt, umbenannt. Wieso die Griechen die Ortschaft jedoch ausgerechnet nach diesem Gemüse benannten, ist nicht eindeutig überliefert. Es dürfte sich allerdings um eine Auszeichnung gehandelt haben. Der römische Kaiser Claudius Nero Tiberius (42 v. Chr. – 37 n. Chr.) ließ in den Hofgärten Gurken ziehen. Man konservierte geerntete Gurken auch damals schon, indem man sie, mit Kümmel und Pfeffer gewürzt, in Essig einlegte. In Deutschland wurden Gurken zum ersten Mal im 10. Jahrhundert von den Wenden in der ostsächsischen Landschaft Lausitz angebaut.

*750 g Salatgurken, 100 g Schinkenspeck, 40 g Butter, 2 EL Zitronensaft, Salz, 1/8 Liter süße Sahne, 1 EL Mehl, 1 Bund Dill*

Die Gurken schälen, halbieren und in Stücke schneiden. Den feingewürfelten Schinkenspeck in der Butter anbraten, die Gurken mit dem Zitronensaft und einer Prise Salz würzen und alles etwa 10 Minuten dünsten. Anschließend mit dem in der Sahne angerührten Mehl binden und mit Dill und Salz abschmecken. Gurkengemüse paßt gut zu hellem Fleisch oder gebratenem Fisch.

# Gefüllte Gurken

Im Essen bist Du schnell, im Gehen bist Du faul,
Iß mit den Füßen, Freund, und nimm zum Gehen das Maul.
Entnommen aus „Auf einen unnützen Bedienten" von Gotthold Ephraim Lessing.

*Für die Füllung:* 1 mittelgroße Zwiebel, 400 g gemischtes Hackfleisch, 2 Eier, 1 eingeweichtes Brötchen, Salz, weißer Pfeffer, Edelsüßpaprika, 4 kleine Salatgurken.
*Für die Sauce:* 60 g Butter, 2 große Zwiebeln, 300 g Tomaten, Salz, Pfeffer, Edelsüßpaprika, 1 EL Mehl, 1/8 Liter saure Sahne

**Für die Füllung:** Die feingehackte Zwiebel mit dem Hackfleisch, den Eiern und dem ausgedrückten Brötchen vermischen und mit Salz, Pfeffer und Paprika abschmecken. Die Gurken schälen, in Längsrichtung halbieren und die Kerne entfernen. (Bei ungespritztem Gemüse braucht man die Gurken nicht zu schälen.) Die Fleischmasse hineinfüllen, die Gurkenhälften aufeinanderlegen und mit einem Faden (Garn) zusammenbinden.
**Für die Sauce:** Die Butter in einer Kasserolle schmelzen. Die großen Zwiebeln schälen und in Scheiben schneiden, die Tomaten überbrühen, häuten und achteln. Die Zwiebelscheiben, die Tomatenstücke und die Gurken in der Kasserolle anbraten, dann mit etwas Wasser angießen, würzen und zugedeckt 50 Minuten garen lassen. Den Fond mit angerührtem Mehl binden, mit Sahne, Salz, Pfeffer und Paprika abschmecken und kurz aufkochen.
Die Gurken in der Sauce servieren.

# Irische Hühnersuppe

Eine Suppe flambieren? Ja durchaus, warum nicht! Denn Flambieren kann man schließlich – fast – alles. Flambieren bedeutet, ein Gericht mit einer Spirituose übergießen und anzünden. Hierbei verbrennt der Alkohol, die Rückstände und die Aromastoffe geben dem Gericht eine besondere Würze. Spirituosen mit mehr als 50 % Alkoholvolumen eignen sich zum Flambieren besonders gut, da sie leicht entflammen. Bei Spirituosen mit weniger Volumenprozenten erwärmt man die benötigte Menge zunächst in einer Schöpfkelle über einer Flamme auf 30–40 °C. Zum Flambieren kann man Rum und Weinbrand ebenso wie Whisky, Gin oder Wodka, aber auch Frucht- und Kräuterliköre verwenden.

*1 Suppenhuhn (etwa 1,2 kg), 1/2 Sellerieknolle, 1 Stange Porree, 125 g feine Erbsen aus der Dose, 2 Eigelb, 2 EL süße Sahne, 2–4 cl Weinbrand, 1/2 Bund Petersilie*

Das gewaschene Suppenhuhn 1–1 1/2 Stunden in Salzwasser garen, herausnehmen, das von den Knochen gelöste Fleisch in feine Streifen schneiden und wieder ins Kochwasser geben. Die Sellerieknolle waschen, schälen und raspeln, die Porreestange waschen, in Scheiben schneiden und beides zusammen mit den Erbsen in die Suppe geben. Die Suppe nochmals aufkochen und das Gemüse 20–30 Minuten garen lassen. Die Eigelb mit der Sahne verrühren und die Suppe damit legieren. Die Suppe mit dem in einer Schöpfkelle erwärmten Weinbrand flambieren und zum Schluß die feingehackte Petersilie darüberstreuen.

# Kabeljau mit Sahnesauce

Der Kabeljau ist der wohl bedeutendste Speisefisch, da er in großen Mengen gefangen wird. Als Jungfisch ist er uns unter dem Namen Dorsch ein Begriff. Kabeljau kommt bei uns hauptsächlich gebraten oder gedünstet auf den Tisch, jedoch wird er auch getrocknet als Stockfisch oder gesalzen als Klippfisch angeboten. Bereits die Wikinger holen diesen Raubfisch der nördlichen Gewässer, der bis zu 25 Jahre alt werden und dann bei einer Länge von 1 1/2 Metern 50 kg wiegen kann, aus dem Meer.

---

*4 Kabeljaufilets, Essig, 250 g Karotten, 250 g Sellerieknolle, 100 g Butter, Salz, eine Prise Zucker, 5 EL Weißwein, 1 EL Butter.*
**Für die Sauce:** *1/8 Liter süße Sahne, 1 Eigelb, 1 EL frische Kresse, 30 g geriebener Parmesan*

---

Die Kabeljaufilets mit Essig beträufeln und 30 Minuten durchziehen lassen. Karotten und Sellerie waschen, putzen und in dünne Stifte schneiden. In einem Topf die Butter erhitzen, Karotten und Sellerie darin andünsten, Salz, Zucker und den Wein dazugeben und alles etwa 20 Minuten köcheln lassen, anschließend vom Herd nehmen und abkühlen lassen. In eine gefettete feuerfeste Form die abgetropften und mit Salz gewürzten Fischstücke dicht nebeneinander legen.
**Für die Sauce:** Die Sahne steifschlagen, das Eigelb, die Kresse, den Parmesan und zuletzt das gut abgetropfte Gemüse unterheben. Die Masse auf den Fisch streichen und das Ganze im auf 200°C vorgeheizten Backofen knapp 30 Minuten garen.

# Gemischtes Karottengemüse

Karotten gehören zu den am weitesten verbreiteten Doldenblütlern und waren bereits in der Antike bekannt. Seit dem Mittelalter sind sie in den gemäßigten Zonen als Gemüse von großer Bedeutung. Kultiviert werden meist Sorten mit langen, spindelförmig verdickten Wurzeln. Das größte geschlossene Anbaugebiet für deutsche Karotten liegt südöstlich von Husum. Zur Deckung unseres Bedarfs werden Karotten vor allem aus Holland, Italien und Frankreich eingeführt. Dieses Wurzelgemüse hat einen Zuckergehalt von bis zu 5 %. Es enthält neben dem sehr gesunden Carotin wichtige Vitamine und Mineralstoffe.

*500 g Karotten, 500 g Sellerie, 1 mittelgroße Zwiebel, 4 EL Butter, Salz, 1 Prise Zucker, weißer Pfeffer, 1/2 Liter Hühnerbrühe, 4 EL süße Sahne, 2 gekochte Kartoffeln, 1/2 Bund feingehackte Petersilie, feingehacktes frisches Selleriegrün*

Das Gemüse putzen, schälen, waschen und in feine Würfel schneiden. Die feingehackte Zwiebel in der heißen Butter glasig dünsten. Die Gemüsewürfel zugeben, leicht anrösten und mit etwas Salz, Zucker und Pfeffer würzen. Das Gemüse mit der Hühnerbrühe aufgießen und zugedeckt bei mittlerer Hitze etwa 25 Minuten garen. Anschließend die Brühe in einen anderen Topf abgießen und mit der Sahne und den pürierten Kartoffeln sämig rühren. Die Karotten und die Sellerie dazugeben, erneut abschmecken und mit der Petersilie und dem Selleriegrün bestreuen. Ein kräftiges Bier paßt gut dazu.

# Glasierte Karotten mit Zwiebeln

Estragon wurde in Südeuropa erst nach den ersten Kreuzzügen um 1100 n. Chr. angebaut. Als Urheimat werden Südasien, Sibirien und Nordamerika genannt. Obwohl große Estragonkulturen besonders in Südfrankreich und Italien anzutreffen sind, wird dieses Gewürz auch in weniger warmen Ländern erfolgreich angebaut. Estragon ist eine mehrjährige Pflanze mit buschig verzweigten Trieben und glänzenden schmalen Blättern. Die Pflanzen erreichen eine Höhe bis zu 1,50 m. Für den täglichen Frischverbrauch verwendet man nur die jungen Triebspitzen, bei der Haupternte wird das Kraut dagegen bis etwa 10 cm über dem Boden abgeschnitten und getrocknet. In Europa werden vornehmlich zwei Sorten angebaut, nämlich der anspruchslosere und widerstandsfähigere Russische und der Deutsche Estragon, der das ätherische Öl Estragol enthält.

*1 kg Karotten, 500 g kleine Zwiebeln, 40 g Butter, 2 EL Zucker, 1/4 TL Salz, weißer Pfeffer, 1 dl Fleischbrühe, 1 TL Estragon*

Die Karotten waschen, putzen und in gleichgroße Stücke schneiden. Die Zwiebeln schälen und im Ganzen weiterverarbeiten. Die Butter in einem Topf erhitzen, den Zucker einstreuen und karamelisieren lassen. Das Gemüse zugeben, mit wenig Salz und Pfeffer würzen und die Fleischbrühe hinzugießen. Das Gemüse etwa 15 Minuten gardünsten und die Flüssigkeit sirupartig einkochen lassen. Anschließend das Gemüse in dem Topf schwenken, bis es gleichmäßig von dem Sirup überzogen ist, Estragon darüberstreuen und eine Minute zugedeckt durchziehen lassen.

# Deftige Kartoffelsuppe

Das schlimme Geschick des Suppenkaspar ist wohl jedem aus dem „Struwwelpeter" bekannt: „Der Kaspar, der war kerngesund. Ein dicker Bub und kugelrund. Er hatte Backen rot und frisch: Die Suppe aß er hübsch bei Tisch. Doch einmal fing er an zu schrein: Ich esse keine Suppe! Nein! Ich esse meine Suppe nicht! Nein, meine Suppe ess' ich nicht!" Nun, beim Anblick dieser deftigen Kartoffelsuppe wäre dem Suppenkaspar jedoch sicher das Wasser im Munde zusammengelaufen, und er hätte gegessen und gegessen.

---

*2 dicke Stangen Porree, 1 große Zwiebel,
1 große Karotte, 1 kleine Sellerieknolle,
2 EL Butter, 500 g Kartoffeln,
1 1/2 Liter Fleischbrühe, 1 Lorbeerblatt,
5 weiße Pfefferkörner, 2 Pimentkörner,
2 Wacholderbeeren, 1 TL Majoran,
200 g durchwachsener Räucherspeck,
4 Scheiben Weißbrot, 150 g saure Sahne,
500 g Fleischwurst, Salz, weißer Pfeffer*

---

Die Porreestangen waschen und ebenso wie die geschälte Zwiebel in Ringe schneiden. Die gewaschene Karotte und die geschälte Sellerieknolle kleinwürfeln. Die Butter in einem Topf erhitzen und das Gemüse darin andünsten. Die geschälten Kartoffeln in Scheiben schneiden und mit der Fleischbrühe und den Gewürzen dazugeben. Das Ganze 30 Minuten garen lassen. Den Speck würfeln, in einer Pfanne ausbraten und aus der Pfanne nehmen. In diesem heißen Fett das in Würfel geschnittene Weißbrot rösten. Die Speckstücke mit der sauren Sahne zur Suppe geben, die gewürfelte Fleischwurst hinzufügen, nach Belieben mit Pfeffer und Salz abschmecken und die Suppe mit den gerösteten Weißbrotwürfeln bestreut servieren.

# Gefüllte Kartoffelnester

Die Spanier waren es ja bekanntlich, die die Kartoffel im 16. Jahrhundert nach Europa brachten. Allerdings war der Kartoffelanbau hier von einigen Irrtümern begleitet: So wurden zunächst die grünen Beerenfrüchte der Stauden gekocht und gegessen. Schwere Vergiftungen waren die Folge. Man riß das Teufelskraut samt Wurzel aus dem Boden und verbrannte es. Der Geruch machte neugierig, schließlich probierte man die braunen Knollen – und siehe da, sie schmeckten.

*750 g Pellkartoffeln, Salz, gemahlene Muskatnuß, 30 g Butter, 2 Eigelb, Butter zum Einfetten.*
**Für die Füllung:** *450 g tiefgefrorener Spinat, 150 g durchwachsener Speck, 8 Eier, Salz, Edelsüßpaprika*

Die Pellkartoffeln schälen und durch eine Presse drücken. Mit Salz, Muskatnuß, Butter und den zwei Eigelb zu einer geschmeidigen Masse verrühren. Anschließend den Kartoffelbrei in einen Spritzbeutel mit einer großen Sterntülle füllen. Auf ein gut gefettetes Backblech 8 Kartoffelbrei-Nester spritzen.
**Für die Füllung:** Den tiefgefrorenen Spinat in einem Topf mit etwas Wasser auftauen lassen und erhitzen. Den Speck in feine Würfel schneiden und in einer Pfanne auslassen. Den abgetropften Spinat in die Kartoffelnester füllen und die Speckwürfel darüber verteilen. In jedes Nest nun ein Ei schlagen und im auf 200°C vorgeheizten Backofen 15–20 Minuten überbacken, so daß die Nester goldgelb aussehen und die Eier fest sind. Die fertigen Kartoffelnester mit Salz und Paprikapulver bestreut servieren.

# Überbackenes Kasseler mit Gemüse

Das Kasseler Rippenspeer wurde von dem Berliner Schlachtermeister Cassel erfunden. Er kam eines Tages auf die Idee, ein Stück gepökelten Schweinerücken zu räuchern.

*750 g rohes Kasseler ohne Knochen, 1/4 Liter trockener Weißwein, 1 rote Paprikaschote, 1 grüne Paprikaschote, 1 mittelgroße Zwiebel, 250 g frische Champignons, 1 Stange Porree, 1 EL Butter, 2 EL Mehl, 1/2 Tasse Tomatenpüree, Salz, weißer Pfeffer, Majoran, Basilikum, 100 g Emmentaler*

Das Stück Kasseler waschen, mit Küchenkrepp abtrocknen, in dem Weißwein dünsten, jedoch nicht kochen und anschließend in dem Wein abkühlen lassen. Die Paprikaschoten entkernen, waschen und in Streifen schneiden. Die Zwiebel schälen, kleinhacken, die Champignons waschen, putzen und halbieren, die Stange Porree waschen und in mittelgroße Ringe schneiden. Alles in der erhitzten Butter anbraten, mit Mehl bestäuben und das Tomatenpüree und den Wein – in dem das Fleisch gedünstet wurde – zugeben. Das Gemüse unter ständigem Rühren etwa 10 Minuten kochen und dabei mit Salz, Pfeffer, Majoran und Basilikum abschmecken. Das Kasseler in Scheiben schneiden und in eine Auflaufform legen. Die Gemüsemischung darüber verteilen und alles mit dem geriebenen Emmentaler bestreuen. Die Form in dem auf 250°C vorgeheizten Backofen etwa 20 Minuten überbacken, bis der Käse eine goldbraune Farbe angenommen hat.

# Kohlrouladen

Weißkohl wurde schon bei den Römern gezogen. Er sollte wegen seines hohen Vitamingehalts gerade in den Wintermonaten hin und wieder auf den Tisch kommen.

*1 kleiner Weißkohl.*
***Füllung:*** *300 g Hackfleisch, 1 große Zwiebel, 1 Tasse gekochter Reis, 1 Ei, gemahlener schwarzer Pfeffer, Salz, Edelsüßpaprika, gemahlener Kümmel.*
***Sauce:*** *30 g Schweineschmalz, 50 g durchwachsener Speck, 1 mittelgroße Zwiebel, 1 rote Paprikaschote, 500 g Sauerkraut, 2 kleine Lorbeerblätter, 1 TL Wacholderbeeren, 1 EL Tomatenmark, 30 g Schweineschmalz, 1/8 Liter saure Sahne*

Den Weißkohl putzen, halbieren und in Salzwasser etwa 20 Minuten garen. **Für die Füllung:** Das Hackfleisch mit der feingewürfelten Zwiebel, dem Reis und dem Ei vermengen und mit Pfeffer, Salz, Paprikapulver und Kümmel pikant abschmecken. Von dem abgetropften Kohl 12 Blätter ablösen. Das Hackfleisch in vier Teile teilen und jeweils eine Portion auf drei aufeinandergelegte Blätter geben, rollen und mit Garn umwickeln. **Für die Sauce:** In einer Pfanne das Schweineschmalz erhitzen, darin den gewürfelten Speck auslassen und die in Würfel geschnittene Zwiebel goldgelb dünsten. Die Paprikaschote putzen, waschen und in Streifen schneiden, zusammen mit dem Sauerkraut, den Lorbeerblättern, den Wacholderbeeren und dem Tomatenmark in die Pfanne geben und nochmals würzen. In einer weiteren Pfanne das Schweineschmalz erhitzen, die Kohlrouladen anbraten, herausnehmen und auf das Sauerkraut legen. Das Ganze nun im auf 200° C vorgeheizten Backofen 30 Minuten schmoren lassen. Kurz vor dem Servieren die saure Sahne über die Kohlrouladen gießen.

# Dreierlei-Kohl-Eintopf

Wenn von Wirsing die Rede ist, denken wir im allgemeinen an eine Kohlsorte mit krausen und saftig grünen Außenblättern. Weniger bekannt ist die Tatsache, daß es auch gelben Wirsing gibt. Er hat stets geschlossene Köpfe und wird im Herbst und Winter geerntet. Vor dem Verarbeiten muß Wirsing ganz besonders gründlich gewaschen werden, denn in den krausen Blättern bleibt nicht nur allerhand Staub und Schmutz sitzen, sondern auch so manches Kleingetier.

*350 g durchwachsener Speck, 500 g Weißkohl, 500 g Wirsing, 500 g Rosenkohl, 2 große Mettwürstchen oder grobe geräucherte Bauernbratwürste, Salz, weißer Pfeffer, gemahlene Muskatnuß, gekörnte Brühe*

Den Speck in 1 1/2 Liter Wasser aufsetzen und 20 Minuten leicht köcheln lassen. Inzwischen den Weißkohl und den Wirsing putzen, gründlich waschen, in Achtel teilen, den Strunk herausschneiden und anschließend zu dem Speck geben. Den Rosenkohl waschen, putzen und nach weiteren 20 Minuten zusammen mit den Würsten hinzufügen. Mit Salz, Pfeffer, Muskatnuß und gekörnter Brühe würzen und weitere 15 Minuten garen. Den Speck und die Würstchen herausnehmen, den Speck in Scheiben schneiden und beides auf dem fertigen Eintopf anrichten.

# Gebratene Kohlrabi in pikanter Sauce

Kohlrabi, auch Oberrüben oder Kohlrüben genannt, zählen, wie es der Name schon vermuten läßt, zur Familie der Kohlgewächse, obwohl sie wegen ihrer Knolle oft als Wurzelgemüse angesehen werden. Der Botaniker spricht von einem oberirdisch verdickten Stengel und zählt die Kohlrabi zum Stammkohl. Unterschieden werden Kohlrabi vor allem nach der Farbe. Bei den blauvioletten Knollen handelt es sich um eine robuste Freilandsorte mit kräftigem Geschmack. Die weißlichgrünen Kohlrabi kommen meist aus dem Treibhaus und besitzen ein zarteres Fruchtfleisch.

*8 Kohlrabi mit Blattwerk, Salz, 3 EL Mehl, 40 g Butter, weißer Pfeffer.*
***Für die Sauce:*** *1/4 Liter saure Sahne, 2 EL Tomatenmark, 1 EL gehackter Dill*

Die Kohlrabiblätter abschneiden und die zarten Herzblätter waschen. Das dicke Wurzelende der Knollen entfernen, die Kohlrabi schälen, in dicke Scheiben schneiden und in Salzwasser 20 Minuten garen. Die Kohlrabischeiben aus dem Sud nehmen, auf ein Sieb geben und abtropfen lassen. Anschließend leicht salzen und in Mehl wenden. In einer Pfanne die Butter zerlassen und die Kohlrabischeiben darin hellgelb braten. Erst nach dem Braten das Gemüse nach Geschmack pfeffern.
**Für die Sauce:** Die saure Sahne mit dem Tomatenmark verrühren, zu den Kohlrabi in die Pfanne geben und alles auf kleiner Flamme 15 Minuten erhitzen. Zum Schluß die Kräuter und die gehackten Herzblätter unterziehen.

# Kürbis in weißer Sauce

Auch wenn der Kürbis in unserem gemäßigten Klima recht gut wächst und gedeiht, sollten wir uns doch nicht darüber hinwegtäuschen, daß Westindien und Mexiko die Ursprungsländer dieser Kletter- oder Kriechpflanze sind. Im August und September, der Kürbiserntezeit, überbieten sich hierzulande die Hobby-Gärtner mit ihren Prachtexemplaren. Große Kürbisse können immerhin stolze 50 kg auf die Waage bringen. Unter Kennern gelten überbackene Kürbiskerne als besondere Delikatesse, nicht zuletzt wegen ihres hohen Ölgehalts. In der UdSSR und in Rumänien wird aus Kürbissamen Öl gewonnen, das zur Verwendung im Haushalt und in der Industrie dient.

*1 kg Kürbis, 40 g Butter.*
***Für die Sauce:*** *60 g Butter, 40 g Mehl, 1/4 Liter Fleischbrühe, 1/4 Liter Milch, Salz, weißer Pfeffer, gemahlene Muskatnuß, 1/2 TL Zitronensaft, 1 Eigelb*

Den Kürbis schälen, entkernen und in Würfel schneiden. Die Butter zerlassen und die Kürbiswürfel etwa 5 Minuten darin braten, von der Kochstelle nehmen und warmhalten.
**Für die Sauce:** 40 g Butter in einem Topf zerlassen, unter Rühren das Mehl zugeben und leicht bräunen. Mit der Fleischbrühe und der Milch aufgießen und 5 Minuten kochen lassen, dabei öfters umrühren. Mit Salz, Pfeffer und Muskatnuß würzen, den Zitronensaft, das verquirlte Eigelb und die restliche Butter zugeben und alles zu einer Sauce verrühren. Zum Schluß nochmals abschmecken. Die Kürbiswürfel in der weißen Sauce servieren.

# Herzhaftes Lammragout

Lammkeule schmeckte dem Feldherrn Napoleon nur allzu gut. Vielleicht ging die Völkerschlacht bei Leipzig auch nur deshalb verloren, weil er sich vor dem entscheidenden Tag an einer Lammkeule mit Knoblauch übergessen hatte und ihn dann eine schwere Übelkeit an jeder strategischen Aktivität hinderte.

*5 mittelgroße Zwiebeln, 750 g Lammfleisch, 80 g Butter, 4 Tomaten, 1 kleine Dose Champignons (etwa 170 g), weißer Pfeffer, Salz, Knoblauchgewürz, 1 EL Mehl, 500 g grüne Paprikaschoten*

Die Zwiebeln schälen und grob würfeln. Das Lammfleisch gründlich waschen, mit Küchenkrepp trockentupfen, in große Würfel schneiden und zusammen mit den Zwiebeln in 60 g Butter anbraten. Die Tomaten mit heißem Wasser abbrühen, häuten und vierteln. Die Pilze auf einem Sieb abgießen, abtropfen lassen und zusammen mit den Tomaten und den Lammfleischwürfeln zu den Zwiebeln geben. Mit Pfeffer, Salz und Knoblauchgewürz abschmecken und bei leichter Hitze etwa 45 Minuten garschmoren lassen. Anschließend mit Mehl bestäuben, unter Umständen etwas Wasser zugießen, gut durchrühren und aufkochen lassen. Die Paprikaschoten gründlich putzen, waschen und in Stücke schneiden. In einem weiteren Topf die restliche Butter erhitzen, darin die Paprikastreifen 5–10 Minuten gut durchbraten und unter das Ragout mischen. Zum Schluß nochmals mit Salz und Pfeffer abschmecken und heiß servieren. Man trinkt dazu ein herbes Bier.

# Süßsaure Linsensuppe

Linsen werden nach Größen sortiert gehandelt. Beim Einkaufen sollte man sich nicht vom optischen Eindruck verführen lassen und die großen Sorten kaufen, sondern auf die kleinen Linsen zurückgreifen. Das Aroma dieser Hülsenfrüchte sitzt in der Schale, und die kleinen Linsen haben relativ viel Schalenoberfläche.

*375 g getrocknete Linsen, 1 1/4 Liter Wasser, 200 g Backpflaumen, 1/2 Liter Wasser, 500 g Speck- und Schinkenschwarten, 1 Bund Suppengrün, 1 Prise Salz, 1 Prise schwarzer Pfeffer, 1/2 TL Thymian, 3 EL Weinessig, 1 Prise Zucker, 1 EL Öl, 75 g durchwachsener Speck, 2 mittelgroße Zwiebeln, 4 Bockwürstchen, 1 Bund Petersilie*

Am Vorabend die Linsen und die Backpflaumen in der jeweils angegebenen Menge Wasser einweichen und über Nacht ziehen lassen. Am nächsten Tag die Linsen in dem Einweichwasser zusammen mit den Schwarten zum Kochen bringen. Das Suppengrün putzen, waschen, kleinschneiden, in den Topf geben und alles 45 Minuten bei schwacher Hitze garen. Inzwischen die Backpflaumen ebenfalls in dem Einweichwasser 30 Minuten kochen. Den Topfinhalt unter die Linsen rühren, mit Salz, Pfeffer, Thymian, Weinessig und Zucker würzen und das Ganze noch etwa 20 Minuten weiterkochen. Das Öl in einer Pfanne erhitzen, den gewürfelten Speck 3 Minuten anbraten, die feingehackten Zwiebeln zugeben, goldgelb rösten und beides zu den Linsen geben. Jetzt die Bockwürstchen hineinlegen, noch 5 Minuten ziehen lassen und anschließend die Suppe mit Petersilie bestreuen und servieren.

# Gebackene Maiskolben

Knoblauch, auch Knofl, Knoel oder abfällig Stinkzwiebel genannt, gehört zu den Liliengewächsen und ist somit verwandt mit Porree und Schnittlauch. Unbestritten und seit Jahrtausenden bekannt ist die heilkräftige Wirkung dieses hierzulande wegen seines Geruches häufig gemiedenen Gewürzes. In den Mittelmeerländern, im gesamten Balkan und in weiten Teilen Rußlands wird nahezu jede Mahlzeit mit dieser „Lilie des Orients" gewürzt. Gourmets und Touristen führten den Knoblauch über die südfranzösische Küche wieder bei uns ein. Knoblauch ist so stark und würzig, daß man ihn nur recht sparsam verwenden sollte.

*4 Maiskolben (Zuckermais), 1 Prise Salz, weißer Pfeffer, 1 feingehackte Knoblauchzehe, 1 TL scharfer Senf, 1 TL geriebener Meerrettich, 1 TL gehackte Petersilie, 30 g Butter*

Die Maiskolben waschen und gut abtropfen lassen. Aus den Gewürzen, den Kräutern und der Butter eine Würzbutter rühren, die Maiskolben damit bestreichen und paarweise in Alufolie einschlagen. Die Maiskolben in dem auf 225°C vorgeheizten Backofen 40–50 Minuten backen.

# Nudelpfanne

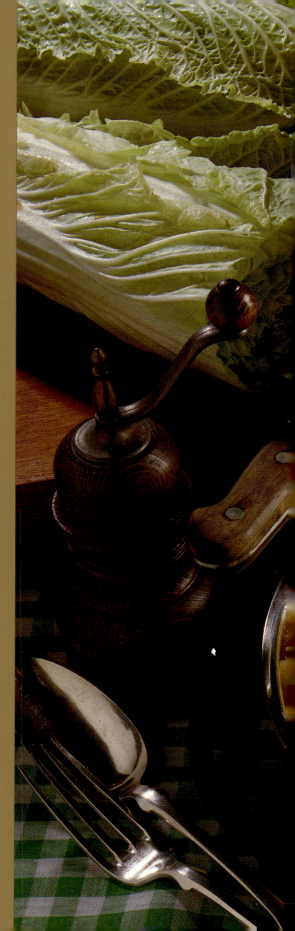

Bei Nudeln an Italien zu denken, dürfte nicht schwerfallen, denn Italien ist immerhin das Land mit dem größten Nudelangebot. Der venezianische Kaufmann und Weltreisende Marco Polo soll die Nudel 1295 auf dem Seeweg über den Vorderen Orient nach Italien gebracht haben, so spricht die Legende. Jedoch waren auch schon den Römern bestimmte Teigwaren ohne Treibmittel – nämlich Nudeln – bekannt.

*200 g Schinkenspeck, 2 EL Öl,
1 kg Chinakohl, Salz, feiner weißer Pfeffer,
etwa 1/4 Liter Fleischbrühe,
250 g Bandnudeln, frischer grobgemahlener
weißer Pfeffer, 1 Prise Thymian*

Den Schinkenspeck würfeln und in dem Öl anbraten. Den Chinakohl waschen, eventuell die Außenblätter entfernen, in Streifen schneiden, zu dem Schinkenspeck geben und andünsten. Mit etwas Salz und dem feingemahlenen weißen Pfeffer bestreuen, etwas Fleischbrühe zugießen und zugedeckt 20 Minuten schmoren lassen. Unter Umständen etwas Fleischbrühe nachgießen. Zwischenzeitlich die Bandnudeln 10 Minuten in Salzwasser kochen, über einem Sieb abschütten, klar nachspülen, abtropfen lassen und zu dem Kohl in den Topf geben. Jetzt etwas grobgemahlenen weißen Pfeffer aus der Mühle darüberstreuen und eine Prise Thymian dazugeben.

# Ochsenbrust mit Meerrettich

Meerrettich ist ein naher Verwandter des schwarzen Rettichs. Er enthält Senföl und Schwefelverbindungen, die für seinen scharfen und beißenden Geschmack sorgen. Diese pfahlförmigen und braungelben Wurzeln, in Österreich Kren genannt, werden in Deutschland vor allem in Bayern, aber auch in der Braunschweiger Gegend angebaut. Geerntet wird der Meerrettich im Spätherbst. Konserviert, vornehmlich in geriebener Form mit Zusätzen von Salz, Zitrone und Essig, ist er aber das ganze Jahr über erhältlich. Frische Meerrettichwurzeln werden geschält und roh zum Würzen verwendet. Dabei werden die ätherischen Öle in den Speisen sofort wirksam. Und noch ein wichtiger Tip: Meerrettich sollte man niemals kochen, denn sonst büßt er seine Schärfe völlig ein. Er wird daher stets erst kurz vor dem Servieren zugegeben.

*2 mittelgroße Zwiebeln, 2 EL Butter, 750 g gepökelte Ochsenbrust, 5 Pfefferkörner, Salz, 2 Lorbeerblätter, 5 Wacholderbeeren.*
***Für die Sahne:*** *4 EL geriebener Meerrettich, 1 Prise Zucker, 1 TL Zitronensaft, 1/4 Liter süße Sahne*

Die Zwiebeln schälen, grob zerkleinern und in der Butter glasig dünsten. Das Fleisch waschen, in einen Topf geben, so viel Wasser zugießen, daß das Fleisch bedeckt ist, und die Gewürze hinzufügen. Alles kurz aufkochen und bei mittlerer Hitze etwa 90 Minuten garen lassen.
**Für die Sahne:** Den Meerrettich mit Zucker und Zitronensaft verrühren und vorsichtig unter die steifgeschlagene Sahne mischen. Das Fleisch aus dem Topf nehmen, in fingerdicke Scheiben schneiden, auf einer Platte anrichten und die Meerrettichsahne getrennt dazu servieren.

# Paprika-Brathähnchen

Schon manch einer mag sich gefragt haben, warum es mehr Hähnchen als Hühnchen im Angebot gibt. Die Antwort ist einfach, denn 5–7 Wochen alte Jungtiere beiderlei Geschlechts werden als Hähnchen bezeichnet. Aus diesem Grund wiegen die angebotenen – meist tiefgefrorenen – Hähnchen auch nur knapp 1 Kilogramm.

*2 bratfertige Hähnchen (je etwa 800 g), Salz, Knoblauchgewürz, 2 Zwiebeln, 2 rote Paprikaschoten, 2 grüne Paprikaschoten, 60 g Butter, 1 kleine Dose Tomaten (400 g), 1/8 Liter saure Sahne, 1 TL Mehl*

Die Hähnchen innen und außen unter fließendem kaltem Wasser gründlich waschen und mit Küchenkrepp trockentupfen. Das Geflügel halbieren und die Teile mit Salz und Knoblauchgewürz einreiben. Die Zwiebeln schälen und feinhacken, die Paprikaschoten putzen, gründlich waschen und in feine Streifen schneiden. Die Butter in einem großen Topf erhitzen und darin die Hähnchenhälften ringsherum kräftig anbraten. Die Zwiebeln hinzufügen, etwa 5 Minuten mitbraten, die abgetropften Tomaten dazugeben und alles etwa 10 Minuten leicht kochen lassen. Die Paprikastreifen darüberhäufen und alles zusammen zugedeckt etwa 20 Minuten garschmoren. Die saure Sahne mit Mehl verquirlen, hiermit die Bratensauce binden, gut aufkochen lassen und nochmals mit Salz und etwas Knoblauchgewürz abschmecken. Dazu serviert man einen trockenen Weißwein.

# Paprika-Gemüse-Gulasch

Neben dem gelben, grünen und roten Gemüsepaprika kommt auch dem Gewürzpaprika eine bedeutende Rolle zu. Es handelt sich hierbei um längliche, spitze, rote Schoten, die getrocknet und anschließend gemahlen werden. Man unterscheidet zwei Sorten: die schärfehaltigen und die schärfefreien Paprika. Indem bestimmte Teile der Paprikafrüchte unterschiedlich gemischt werden, entstehen fünf verschiedene Gewürzsorten. Edelsüßpaprika wird beispielsweise aus dem Fruchtfleisch und einer geringen Menge von scharfem Samen gewonnen, der dieser Sorte auch ihre dunkle Farbe verleiht.

*2 mittelgroße Zwiebeln, 2 EL Schweineschmalz, 1 TL Knoblauchgewürz, 1 EL Edelsüßpaprika, 1 kg Rindergulasch, 4 Tomaten, 2 kleine rote Paprikaschoten, 2 kleine grüne Paprikaschoten, 1 Tasse Fleischbrühe, Salz*

Die Zwiebeln schälen und kleinhacken. In einer großen Kasserolle das Schmalz zerlassen, die Zwiebeln darin leicht anbräunen und mit Knoblauch würzen. Die Kasserolle vom Herd nehmen und das Paprikapulver zu den Zwiebeln geben. Das Gulasch sorgfältig waschen, trockentupfen, in die Kasserolle legen und zugedeckt bei kleiner Hitze etwa 30 Minuten schmoren lassen. Die Tomaten überbrühen, häuten, entkernen, vierteln, dazugeben und unter Rühren das Ganze weitere 30 Minuten schmoren lassen. Anschließend die geputzten, gewaschenen und in Streifen geschnittenen Paprikaschoten hinzufügen und alles weitere 30 Minuten schmoren. Falls die Tomaten zu wenig Flüssigkeit abgeben, etwas Fleischbrühe nachgießen und mit Salz abschmecken, der Schmorfond sollte aber dicklich bleiben. Gut schmeckt dazu ein kräftiger Rotwein.

# Paprika mit Käsesauce überbacken

Für seine Erforschung des Reichtums an Vitamin C im Paprika wurde 1937 dem ungarischen Biochemiker Albert Szent-Györgyi der Nobelpreis für Medizin verliehen. 100 g Paprika enthalten 340 mg Vitamin C, ein Vielfaches von dem Gehalt einer Zitrone. Dies trifft auch für Paprikapulver zu, allerdings geht es hier bei langer Lagerung verloren.

*750 g Paprikaschoten (rote und grüne), Butter zum Ausfetten.*
**Für die Sauce:** *40 g Butter, 40 g Mehl, 1/4 Liter Milch, 1/4 Liter Fleischbrühe, 100 g geriebener Emmentaler, Salz, gemahlene Muskatnuß, 1/4 Liter süße Sahne, 1 Eigelb*

Die Paprikaschoten putzen, waschen, in Streifen schneiden und in eine Schüssel geben. Mit kochendem Wasser übergießen und 5 Minuten ziehen lassen. Das Wasser abgießen, die Paprikastreifen gut abtropfen lassen und dann in eine gefettete Auflaufform schichten.
**Für die Sauce:** Die Butter in einem Topf erhitzen, das Mehl darin anschwitzen und zuerst mit Milch und dann mit Fleischbrühe aufgießen und aufkochen. Die Hälfte des geriebenen Emmentalers dazugeben, mit Salz und Muskatnuß abschmecken und das mit der süßen Sahne verquirlte Eigelb hinzufügen. Die Sauce über die Paprikastreifen gießen, mit dem restlichen Käse bestreuen und im auf 225°C vorgeheizten Backofen etwa 25 Minuten überbacken. Man trinkt dazu einen leichten Weißwein.

# Paprikasalat

*Capsicum* lautet der lateinische Gattungsname für den Paprika, einen Sammelbegriff für eine ganze Reihe verschiedenartiger Sorten dieser Nachtschattengewächse. Als Ursprungsland wird fälschlicherweise oft Ungarn angenommen. Dorthin gelangte er aber erst im 16. Jahrhundert. Christoph Kolumbus entdeckte mit seinen Begleitern den Paprika in Mittel- und Südamerika und brachte ihn nach Spanien mit. Auch in Indien war er schon früh bekannt. Mit den Händlern, Bauern und Mönchen kam der Paprika schließlich in das ungarische Tiefland und fand dort seine neue, europäische Heimat.

*250 g rote Paprikaschoten, 250 g grüne Paprikaschoten, 1/8 Liter Wasser, 2 EL Öl, 1 EL flüssiger Honig, Salz, Essig, 125 g Salami, 3 Tomaten, 2 hartgekochte Eier*

Die Paprikaschoten putzen, gründlich unter fließendem Wasser waschen und in schmale Streifen schneiden. Zusammen mit der Tasse Wasser, einem Eßlöffel Öl, dem Honig und etwas Salz in einen Topf geben, etwa 5 Minuten dünsten und zum Schluß mit Salz und Essig abschmecken. Das restliche Öl mit Essig und Salz verrühren und zusammen mit der in feine Streifen geschnittenen Salami, den in Scheiben geschnittenen Tomaten und Eiern vorsichtig unter die Paprikastreifen mengen. Den Salat etwa eine Stunde ziehen lassen und vor dem Servieren nochmals mit etwas Salz abschmecken. Ein ungarischer Rotwein ergänzt diesen Salat vorzüglich.

# Porree-Fleischtopf

Mag sein, daß die Ansicht des irischen Arztes Cyril Daly zutrifft, Kartoffeln förderten das Liebesleben. In einem Interview erklärte der Mediziner, Kartoffeln seien der Liebeslust ebenso zuträglich wie Austern und Ginseng. Man solle die Kartoffel nicht unterschätzen, sie sei eine „leidenschaftliche und gewaltsame Knollenfrucht". So habe beispielsweise jahrhundertelang die Aussicht auf nahrhaften Kartoffelanbau in Irland zu Heiraten zwischen armen und reichen Bauersleuten geführt.

*3 EL Öl, 500 g Schweinegulasch, 3 mittelgroße Zwiebeln, 1/2 Liter Fleischbrühe, 5 Stangen Porree, 500 g Kartoffeln, 1 Prise Salz, weißer Pfeffer, 1 TL Knoblauchgewürz, 1 Bund Petersilie*

Das Öl in einer Kasserolle erhitzen, das Gulasch hineingeben und von allen Seiten kräftig anbraten. Die in Scheiben geschnittenen Zwiebeln zugeben und unter ständigem Rühren hellbraun dünsten. Mit der Fleischbrühe ablöschen und das Ganze bei mittlerer Hitze 30 Minuten kochen. Die Porreestangen gut waschen und in Stücke schneiden, die geschälten Kartoffeln in große Würfel zerteilen und beides zum Fleisch geben. Mit Salz, Pfeffer und Knoblauch kräftig abschmecken. Alles 30 Minuten garen, noch einmal abschmecken und mit der gehackten Petersilie garnieren. Dazu schmeckt ein Glas Bier.

# Porreeragout

Porree, auch Breitlauch oder einfach Lauch genannt, gehört zu den preiswerten Gemüsesorten und hat den großen Vorteil, daß man ihn das ganze Jahr über frisch bekommt. Genießer bevorzugen allerdings den Sommerporree, da er zarter schmeckt. Winter- und Sommerporree sind zwei verschiedene Sorten. Die Wintersorte, von Mitte August bis zum Frühjahr angeboten, erkennt man daran, daß der dicke Stengel, in den die Zwiebel übergeht, kurz, höchstens mittellang ist und das Laub eine tief dunkelgrüne Farbe aufweist. Der Sommerporree ist feiner und lockerer, hat einen langen Stengel und frische, hellgrüne Blätter. Beide Sorten enthalten neben den Vitaminen B und C noch viele Mineralstoffe.

*5 Stangen Porree, 2 geräucherte Mettwürstchen oder grobe gerauchte Bauernbratwürste, 250 g durchwachsener Räucherspeck, 1 EL Öl, 2 EL Tomatenmark, 1/4 Liter Fleischbrühe, 4 EL Dosenmilch*

Die Porreestangen putzen, waschen und in etwa 2 cm lange Stücke schneiden. Die Mettwürstchen enthäuten und in Würfel schneiden. Den Speck feinwürfeln, in dem erhitzten Öl anbraten und die Porreestücke und die Mettwürstchen 15 Minuten darin dünsten. Das Tomatenmark, die Fleischbrühe und die Dosenmilch verrühren, hinzugeben und das Ganze etwa 5 Minuten bei schwacher Hitze leicht kochen lassen.

# Porreetorte

Wer gut essen will, darf den Koch nicht beleidigen, sagt ein chinesisches Sprichwort.

*Für den Teig: 375 g Mehl, 25 g Hefe, 1 TL Zucker, 1/4 Liter Milch, 1 TL Salz, 50 g Butter.*
*Für die Füllung: 5 Stangen Porree, 250 g Schinkenspeck, 4 Tomaten, 2 Eier, 6 EL süße Sahne, weißer Pfeffer, Salz*

**Für den Teig:** Das Mehl in eine Schüssel sieben und in der Mitte eine Mulde bilden. Die Hefe mit Zucker und etwas lauwarmer Milch verrühren, in die Mulde gießen und 10 Minuten zugedeckt an einen warmen Ort stellen. Anschließend den Vorteig mit den restlichen Zutaten – Milch, Salz und Butter – verkneten und kräftig schlagen, bis der Teig Blasen wirft. Abermals zugedeckt an einen warmen Ort stellen und 20 Minuten gehen lassen.

**Für die Füllung:** Die Porreestangen putzen, waschen, in etwa 5 cm lange Stücke schneiden und etwa 10 Minuten in leicht gesalzenem Wasser bei geringer Hitze ziehen lassen, dann auf einem Sieb abschütten und abtropfen lassen. Den Schinkenspeck in kleine Würfel schneiden, die Tomaten überbrühen, enthäuten und achteln. Die Eier mit Sahne, Pfeffer und Salz verquirlen. Den ausgerollten Hefeteig in eine gefettete Springform (24 cm ⌀) legen und die Ränder hochdrücken. Die Porreestücke, die Tomaten und die Speckwürfel auf dem Boden verteilen und die Sahnemischung darübergießen. Die Porreetorte im auf 200°C vorgeheizten Backofen auf der mittleren Schiene etwa 40 Minuten backen.

# Überbackener Porree

Aristaios, Sohn des Apoll und griechischer Gott, soll als erster Käse zubereitet und sein Geheimnis den Menschen vermittelt haben, berichtet die Legende. Die Herstellung von Käse muß von mehreren Urvölkern gleichzeitig erfunden worden sein, etwa in der Jungsteinzeit vor etwa zehntausend Jahren, als die Menschen anfingen, seßhaft zu werden und Hütten zu bauen. Sämtliche Verfahren zur Käseherstellung sind natürliche Vorgänge, daher dürfte sie der Mensch sicherlich rein zufällig entdeckt, später aber bewußt genutzt haben. Daß Käse auch warm gut schmeckt, zeigt einmal mehr dieses Rezept.

*4 große Stangen Porree (etwa 800 g).*
***Für die Sauce:*** *40 g Butter, 40 g Mehl, 1/2 Liter Milch, Salz, weißer Pfeffer, gemahlene Muskatnuß, 80 g geriebener Emmentaler*

Die Porreestangen putzen, waschen, in etwa 10 cm lange Stücke schneiden, in Salzwasser 10 Minuten garen und anschließend auf einem Sieb abtropfen lassen.
**Für die Sauce:** Die Butter in einem Topf erhitzen, das Mehl einrühren, mit der Milch auffüllen und etwa 5 Minuten köcheln lassen. Mit Salz, Pfeffer und Muskatnuß abschmecken und so viel in eine Auflaufform füllen, daß der Boden gut bedeckt ist. Die Porreestücke hinzufügen und den Rest der Sauce darübergießen. Zum Schluß mit dem Käse bestreuen und das Ganze im auf 200°C vorgeheizten Backofen 10 Minuten backen, bis der Käse geschmolzen ist.

# Putenschnitzel im Gemüsebett

Als Brechbohnen werden runde, zartfleischige Bohnensorten mit feinen Kernen bezeichnet. Zu ihnen gehören auch die gelben Wachsbohnen. Frische Bohnen schmecken klein und jung am besten, grüne Bohnen müssen leicht brechen. Heute sind von den meisten Sorten die Fäden bereits weggezüchtet.

*4 Putenschnitzel, 1/2 TL Salz, 1/4 TL weißer Pfeffer, 60 g Butter, 2 rote Paprikaschoten, 1 mittelgroße Zwiebel, 2 Tomaten, 150 g Salatgurke, 50 g Butter, 3 TL Edelsüßpaprika, 1/4 TL weißer Pfeffer, 100 g gelbe Butter- oder Wachsbohnen aus der Dose, 100 g Brechbohnen aus der Dose, 125 g Pfifferlinge aus der Dose*

Die Schnitzel waschen, mit Küchenkrepp trockentupfen und eventuell, je nach Dicke, etwas klopfen, von beiden Seiten mit Salz und Pfeffer einreiben und in der heißen Butter von beiden Seiten goldbraun braten. Die Paprikaschoten putzen, waschen und in feine Streifen schneiden. Die Zwiebel schälen und kleinhakken, die Tomaten überbrühen, abziehen und halbieren. Die Salatgurke schälen, der Länge nach halbieren, die Kerne mit einem Teelöffel entfernen und die Gurke in Scheiben schneiden. In einer Kasserolle die Butter zerlassen und darin das mit Paprikapulver, Salz und Pfeffer gewürzte Gemüse zusammen mit den abgetropften Bohnen und Pilzen 15 Minuten dünsten lassen. Anschließend die Gemüsemischung zu den Putenschnitzeln in die Pfanne geben und sie noch etwa 5 Minuten mitdünsten. Ein ungarischer Rotwein paßt sehr gut dazu.

# Radicchio-Orangen-Salat

Bei Radicchio, gelegentlich auch Cicorino genannt, handelt es sich um kleine blumenartige Salatköpfe. Die Italiener haben verschiedene Sorten auf den Markt gebracht. Der Radicchio di Castelfranco hat rosaviolette Blätter mit vielen elfenbeinfarbigen Adern, sie sind fleischig-fest, aber zart und brechen leicht. Es wird aber auch der Radicchio di Verona angeboten. Er hat etwas kleinere Köpfe mit festeren Blättern, deren Farbe bis ins Tiefviolette reicht. Diese Sorte hat einen leicht bitteren Geschmack. Häufig findet man auch den Radicchio di Treviso, den man an den glatten, rotvioletten Blättern mit ihren weißen Rippen erkennt. Er ist fest im Biß und schmeckt recht intensiv bitter. Eine grünliche Verfärbung der Blätter ist ein Zeichen für eine besonders bittere Geschmacksnote.

*2 Köpfe Radicchio.*
***Für die Marinade:*** *5 EL Mayonnaise, Salz, weißer Pfeffer, 1/2 TL Zucker, 2 süße Orangen*

Den Radicchio zerteilen, waschen, abtropfen lassen und die Blätter in mundgerechte Stücke schneiden.
**Für die Marinade:** Mayonnaise, Salz, Pfeffer und Zucker verrühren, die Salatstücke zugeben und kurz ziehen lassen. Die Orangen schälen, in Spalten teilen und sauber enthäuten. Die Orangenfilets unter die Salatmischung heben und das Ganze einige Minuten durchziehen lassen.

# Reissuppe mit Gemüse

Als Küchenkraut ist Petersilie zwar weit verbreitet, ihre heilkräftige Wirkung ist aber weniger bekannt. Petersilie ist reich an Vitamin C, wirkt anregend und hat sich bei verschiedenen Leiden, auch bei Hauterkrankungen, bewährt. Petersilie wird das ganze Jahr über frisch und preiswert angeboten, man kann sie aber auch eingefrieren. Als Garnierung ziert sie viele Speisen.

*150 g weiße Bohnen, 125 g durchwachsener Speck, 3 mittelgroße Zwiebeln, 150 g Kartoffeln, 150 g Sellerieknolle, 250 g mittelgroße Karotten, 250 g Weißkohl, 2 Stangen Porree, 2 EL Öl, Salz, weißer Pfeffer, Basilikum, 1 1/2 Liter Fleischbrühe, 100 g Reis, 3 Tomaten, 1 Bund Petersilie, 50 g geriebener Käse*

Die weißen Bohnen in einen Topf geben, mit Wasser bedecken und zum Kochen bringen, dann etwa eine Stunde stehen lassen und anschließend durch ein Sieb schütten. Die Bohnen erneut mit Wasser aufsetzen und bei geringer Hitze etwa 2 Stunden garen und wieder in einem Sieb abtropfen lassen. Inzwischen den Speck und die Zwiebeln würfeln, die Kartoffeln und das restliche Gemüse – außer den Tomaten – putzen und kleinschneiden. In einem großen Topf das Öl erhitzen, die Speckwürfel darin glasig braten, das Gemüse und die Gewürze dazugeben und alles etwa 5 Minuten dünsten. Anschließend die Fleischbrühe, die Bohnen und den Reis hinzufügen, zum Kochen bringen und bei geringer Hitze 20 Minuten langsam kochen. Die Tomaten überbrühen, häuten und achteln, die Petersilie feinhacken, beides mit dem geriebenen Käse zur Suppe geben und sofort servieren.

# Rettichgemüse

Rettiche gab es bei den Ägyptern schon seit der Zeit des Pyramidenbaus, und auch die Griechen kannten sie schon. Römische Soldaten sollen es gewesen sein, die den Rettich nach Mitteleuropa brachten. Hier wurde dieses Gemüse vor allem in Bayern heimisch. Der Rettich ist aus dieser Gegend schon lange nicht mehr wegzudenken, und so mancher Bayer hat schon verständnislos seinen Kopf geschüttelt, wenn er hörte, daß sein über alles geliebter Radi auch heute noch in einigen Landstrichen Norddeutschlands als exotisches Gemüse gilt. In Bayern wird der Radi kunstvoll zur Spirale aufgeschnitten und mit einer Maß Bier zur Brotzeit genossen. Und in Tegernsee ist ein Brauhaus wegen seines guten Bieres, aber auch wegen seiner Radis wohlbekannt.

*400 g Rettich, 1 mittelgroße Zwiebel, 1 Knoblauchzehe, 1 Pepperoni, 2 EL Öl, 1/4 Liter Fleischbrühe, 1/2 TL Ingwerpulver, 1/2 TL Salz, 1/2 TL Zucker, 1 EL Mehl*

Den Rettich waschen, schälen und in grobe Stifte schneiden. Die Zwiebel und die Knoblauchzehe schälen, die Pepperoni waschen und alles feinhacken. Das Öl erhitzen, die Zwiebel darin andünsten, die Knoblauchzehe, die Pepperoni und den Rettich zugeben, die Fleischbrühe dazugießen und das Ganze etwa 35–45 Minuten garen lassen. Anschließend das Gemüse mit Ingwerpulver, Salz und Zucker abschmecken und mit Mehl binden.

# Rhabarber mit Schneehaube

Der eine oder andere wird sich vielleicht darüber wundern, Rhabarber in einem Gemüsekochbuch zu finden, aber: Rhabarber ist ein Gemüse! Die Botanik hat Rhabarber dem Stielgemüse zugeordnet, denn nur der Blattstengel dieser Pflanze ist genießbar, nicht aber die Blätter. Seinen Namen verdankt der Rhabarber den Griechen, obwohl die Urheimat dieser Pflanze China sein dürfte; schon um 2700 v. Chr. wird dieses Gewächs dort erstmalig als Heilpflanze erwähnt. Erst im 18. Jahrhundert gelangte der Rhabarber über Rußland nach Mitteleuropa. Bei uns wurde er zuerst in der Mitte des vorigen Jahrhunderts an der Nordseeküste angebaut.

*1 kg geputzter Rhabarber, 300 g Zucker, die Schale von 1 ungespritzten Zitrone, 1 Zimtstange, 1 Tasse Rot- oder Weißwein.*
**Für die Schneehaube:** *3 Eiweiß, 3 EL Zucker, 40 g Mandelblätter*

Den abgezogenen Rhabarber in etwa 3 cm lange Stücke schneiden. Aus dem Zucker, der abgeriebenen Zitronenschale, der Zimtstange und dem Wein einen Sirup kochen und die Rhabarberstücke etwa 3 Minuten darin garziehen lassen, dabei den Topf ab und zu etwas schwenken. Den Rhabarber dabei nicht rühren, damit die Stücke nicht zerfallen. Die Zimtstange entfernen, die Rhabarberstücke mit einer Schaumkelle herausheben und in eine feuerfeste Schüssel geben. Die Hälfte des Rhabarberwassers darübergießen.
**Für die Schneehaube:** Die Eiweiß mit dem Zucker steifschlagen, über dem Rhabarber verteilen, mit Mandeln bestreuen und im auf 200°C vorgeheizten Backofen 15–20 Minuten überbacken.

# Überbackener Rhabarber

Auf Grund seines ausdauernden Verhandlungsgeschicks gelang es 1840 einem Kirchwärder Händler, einem Engländer einige Rhabarberpflanzen abzukaufen. In den Vierlanden, einer zu Hamburg gehörenden fruchtbaren Marschlandschaft an der Elbe, wurde der Rhabarber veredelt und breitete sich schnell über ganz Norddeutschland aus. Rhabarber stellt keine Ansprüche an den Boden, wenn man von einer gleichbleibenden Bodenfeuchtigkeit einmal absieht, so daß dieses Gemüse heute im ganzen Bundesgebiet angebaut wird. Gegenüber dem medizinischen Rhabarber sind beim Gemüse-Rhabarber die gesunden Wirkstoffe zwar vermindert, aber immer noch beachtlich. Neben der Rhabarbersäure – sie besteht hauptsächlich aus Zitronen- und Apfelsäure – enthält dieses Gemüse nicht unwesentliche Mengen an Fruchtzucker, Stärke, Pektin, Gerbstoffen und Mineralsalzen.

*750 g Rhabarber, 200 g Zucker, die abgeriebene Schale von 1 unbehandelten Zitrone, 1 TL Butter.*
**Für den Guß:** *200 g Mehl, 1 Prise Salz, 1 Messerspitze Zimt, 125 g Zucker, 100 g Butter*

Den Rhabarber waschen, abziehen und in dicke Stücke schneiden. Den Zucker mit der Zitronenschale mischen und darüberstreuen. Die Rhabarberstücke in eine ausgefettete feuerfeste Form geben.
**Für den Guß:** Das durchgesiebte Mehl mit Salz, Zimt und Zucker vermischen und über den Rhabarber streuen, die Butter in kleinen Flöckchen daraufsetzen. Den Auflauf im auf 220°C vorgeheizten Backofen 40–50 Minuten backen.

# Rosenkohlauflauf

*Chou de Bruxelles* nennen die Belgier und die Franzosen den Rosenkohl, *Brussels Sprouts* sagen die Engländer, und auch bei uns heißt dieses Wintergemüse gelegentlich noch *Brüsseler Kohl* oder auch *Sprossenkohl.* Diese Namengebung erklärt sich aus der Tatsache, daß der Rosenkohl vor über einem Jahrhundert zuerst in der Gegend um Brüssel angepflanzt und geerntet wurde. Das Rheinland gilt in der Bundesrepublik als Hauptanbaugebiet für den Rosenkohl, allerdings können wir ohne Importe unseren Bedarf nicht decken.

*750 g Rosenkohl, 1 TL Butter, 350 g gekochter Schinken, 1/8 Liter Fleischbrühe, 3 Eier, 1/8 Liter Milch, 1 TL Salz, 1/2 TL weißer Pfeffer, 1/4 TL gemahlene Muskatnuß, 100 g geriebener Parmesan oder alter Gouda*

Den geputzten und gewaschenen Rosenkohl in wenig Salzwasser aufkochen lassen, bei schwacher Hitze 10–15 Minuten dünsten und anschließend in einem Sieb abtropfen lassen. Eine flache Auflaufform mit Butter ausstreichen, etwa 2/3 des in Streifen geschnittenen Schinkens zusammen mit dem Rosenkohl in die Auflaufform schichten und die heiße Fleischbrühe darübergießen. Die Eier mit Milch, Salz, Pfeffer und Muskatnuß verquirlen und ebenfalls in die Form geben. Die restlichen Schinkenstreifen darüber verteilen und das Ganze mit dem Käse bestreuen. Die gefüllte Form mit Alufolie bedecken und 15 Minuten im auf 220°C vorgeheizten Backofen backen. Anschließend die Folie entfernen und weitere 15–20 Minuten überbacken. Als Getränk bietet man dazu ein kräftiges Bier oder einen trockenen Rotwein an.

# Rote-Bete-Salat

Von der botanischen Zuordnung her gehören rote Bete zu den Gänsefußgewächsen wie Mangold, Zucker- und Runkelrüben. Je nach Region nennt man sie auch rote Rüben, Salatrüben, Rahnen, Randen oder Rohnen. Die roten und dickfleischigen Wurzelknollen sind wohl allgemein bekannt. Besonders weit verbreitet ist bei uns die Sorte „Rote Kugel". Weniger häufig findet man die kugelrunden, die rundplatten, die rundhalblangen und die langen roten Bete. Die Amerikaner haben sogar eine Sorte gezüchtet mit weißen Ringen. Rote Bete haben roh pro 100 g nur 44 kcal und sind ausgesprochen mineralstoff- und vitaminreich.

---

*3 mittelgroße rote Bete, 200 g Karotten, 150 g Sellerieknolle, 1 saurer Apfel.*
***Für die Sauce:*** *1 mittelgroße Zwiebel, 1 Knoblauchzehe, 2 EL Mayonnaise, 300 g Joghurt, 4 EL Chilisauce, 1 TL geriebener Meerrettich, 1/2 TL Paprikapulver, 1 Prise Salz, 1 Prise weißer Pfeffer, 1 Prise Zucker*

---

Die roten Bete, die Karotten und die Sellerieknolle waschen, schälen und auf einer Reibe in feine Streifen raspeln. Den Apfel schälen, vom Kerngehäuse befreien, ebenfalls raspeln und mit dem Gemüse auf einer Platte gemischt anrichten.
**Für die Sauce:** Die Zwiebel schälen und feinreiben, die Knoblauchzehe fein zerdrücken. Die restlichen Zutaten mit der Zwiebel und der Knoblauchzehe zu einer Sauce verrühren und diese getrennt zum Salat reichen.

# Rotkohl mit Äpfeln

Rotkohl ist ein gesundheitlich wertvolles Gemüse, das reich an Vitaminen und Mineralstoffen ist.

*1 mittelgroßer Kopf Rotkohl (etwa 1 kg), 2 mittelgroße Zwiebeln, 1/10 Liter roter Weinessig, 2 TL Salz, 30 g Zucker, 2 mittelgroße Kochäpfel, 30 g Schweineschmalz, 1 große Zwiebel, 2 ganze Gewürznelken, 1 kleines Lorbeerblatt, 3 EL Rotwein, 3 EL Johannisbeergelee*

Den Rotkohl waschen, schadhafte Blätter entfernen und den Kopf in vier Teile schneiden. Den Strunk herauslösen und die Viertel in etwa 1/2 cm breite Streifen schneiden. Reichlich Wasser in einem Topf zum Kochen bringen, den Kohl darin 2–3 Minuten blanchieren und dann auf einem Sieb abtropfen lassen. Anschließend das Gemüse zusammen mit den kleingehackten Zwiebeln in eine große Schüssel geben, mit Essig, Salz und Zucker würzen und einige Male umrühren, damit die Streifen von allen Seiten gut marinieren. Die Äpfel schälen, entkernen und in 1/2 cm dicke Scheiben schneiden. In einer Kasserolle in dem erhitzten Schmalz etwa 5 Minuten unter häufigem Rühren garen, bis sie hellbraun sind. Die große Zwiebel mit den Gewürznelken spicken und mit dem Kohl und dem Lorbeerblatt in die Kasserolle geben. Gut umrühren, kochendes Wasser dazugießen, das Ganze bei großer Hitze zum Kochen bringen und zugedeckt etwa 1 1/2 bis 2 Stunden leicht garschmoren lassen. Eventuell etwas Wasser nachfüllen, jedoch sollte am Schluß nur noch wenig Flüssigkeit in der Kasserolle sein. Kurz vor dem Servieren die mit Gewürznelken gespickte Zwiebel und das Lorbeerblatt herausnehmen und den Rotwein und das Johannisbeergelee unterrühren.

# Rotkohl mit Rotweinbirnen

Frischer Rotkohl ist ja eher bläulich, daher heißt dieses Gemüse gelegentlich auch Blaukraut. Erst beim Kochen verfärbt sich der Kohl und nimmt seine rote Farbe an, die er im übrigen jahrelangen Züchtungen verdankt. Als Hauptanbaugebiete sind beim Rotkohl der Niederrhein und Schleswig-Holstein zu nennen. Auf Grund der Sortenvielfalt kann Rotkohl nahezu ganzjährig frisch gekauft werden.

*1 mittelgroßer Kopf Rotkohl (etwa 1 kg), 40 g Schweineschmalz, 1 mittelgroße Zwiebel, 1 Lorbeerblatt, 3 Nelken, Salz, Zucker, 1 EL Essig, 1/8 Liter Wasser, 2 säuerliche Äpfel, 4 reife Birnen, 1/4 Liter Rotwein, 1 EL Speisestärke, 6 EL Preiselbeeren*

Die harten Blätter des Rotkohls ablösen, den Kopf vierteln, den Strunk schräg abschneiden und den Kohl feinhobeln. Das Schmalz in einem großen Topf zerlassen, die kleingeschnittene Zwiebel andünsten und den Kohl zugeben. Die Gewürze, Zucker und Essig hinzufügen und mit Wasser aufgießen. Die geschälten und grob zerkleinerten Äpfel darauflegen und den Kohl zugedeckt bei kleiner Hitze etwa eine Stunde garen. In der Zwischenzeit die Birnen schälen, halbieren, entkernen und in Rotwein auf kleiner Flamme etwa 10 Minuten garen. Die Speisestärke in wenig Wasser anrühren und das Gemüse damit binden. Mit Salz, Zucker, Essig und etwa 2 EL Preiselbeeren pikant abschmecken. Die Birnenhälften mit den restlichen Preiselbeeren füllen und auf dem Rotkohl anrichten. Dazu trinkt man einen trockenen Rotwein.

# Rotweinlinsen

Linsen werden schon im Alten Testament erwähnt. So steht denn im 1. Buch Mose, Kapitel 25, Vers 34: „Da gab ihm Jakob Brot und das Linsengericht, und er aß und trank und stand auf und ging davon. Also verachtete Esau seine Erstgeburt." Die Bundesrepublik Deutschland ist heute der größte Linsenimporteur der Welt. Unsere Hauptlieferländer für Linsen sind neben den USA Chile und Argentinien. Vor dem Zweiten Weltkrieg wurde in Deutschland der Linsenbedarf zu 80% aus russischen Lieferungen gedeckt. Linsen kommt ein hoher Nährwert zu, denn dieses Gemüse zählt zu den eiweißreichsten Nahrungsmitteln, die es bei uns gibt. Sie enthalten außerdem noch viel Kalium und Phosphor.

*200 g getrocknete Linsen, 1 Liter trockener Rotwein, 4 Kabanossi-Würstchen, 1/2 TL Butter, 2 große Zwiebeln, 2 große Kartoffeln, 1 große Karotte, 1 Lorbeerblatt, 2 Nelken, Salz, 1 Prise Zucker, Cayennepfeffer, 2 EL süße Sahne*

Die Linsen über Nacht in Rotwein quellen lassen. Die gewürfelten Kabanossi in Butter anbraten, die feingehackten Zwiebeln zu der Wurst geben und glasig dünsten. Beides anschließend zu den eingeweichten Linsen geben, ebenso die geschälten und gewürfelten Kartoffeln und die feingeriebene Karotte, das Lorbeerblatt und die Nelken. Mit etwa 1/2 Liter kochendem Wasser auffüllen, aufkochen lassen und auf kleiner Flamme etwa 1 bis 1 1/2 Stunden kochen. Mit Salz, Zucker und Cayennepfeffer abschmecken, zuletzt die süße Sahne unterrühren. Ein trockener Rotwein schmeckt zu diesem Gericht sehr gut.

# Sauerkrautsalat

In Deutschland waren es die Mönche, die in ihren Klöstern den Gemüseanbau kultivierten. Auch der *Crut*, so nannten sie den Weißkohl, wurde hier gezüchtet. Der Kohl wurde gehobelt, in große Holzfässer gefüllt und unter Zugabe von Salz gestampft. Durch den Zusatz von Salz findet eine Milchsäuregärung statt. Daher wird der Kohl bei diesem Konservierungsprozeß nicht etwa salzig, sondern sauer. Auch wenn heute die Sauerkrautherstellung maschinell erfolgt, hat sich an dem grundlegenden Prinzip nichts geändert. Es ist im übrigen noch gar nicht so lange her, da waren Hausfrauen Winter für Winter damit beschäftigt, den Weißkohl selbst in Holzbottichen zu stampfen, um so für Sauerkraut zu sorgen. Sauerkraut ist reich an Vitaminen, Mineralstoffen und an Milchsäure, die den Stoffwechsel beschleunigt. Rohes Sauerkraut oder Sauerkrautsaft sind daher bei einer Frühjahrskur nur zu empfehlen.

---

*250 g gegartes Kasseler, 2 säuerliche Äpfel, 1 kleine Dose Ananasstücke (240 g), 250 g Sauerkraut.*
**Für die Marinade:** *3 EL Mayonnaise, 3 EL süße Sahne, 1/2 TL Zitronensaft, Zucker, Rosmarin, Dill, Salz*

---

Das Kasseler in kleine Würfel schneiden, ebenso die geschälten und entkernten Äpfel. Die Ananasstücke auf ein Sieb schütten und abtropfen lassen. Das Sauerkraut ausdrücken, die überschüssige Lake abgießen und anschließend das Kraut zerpflücken.
**Für die Marinade:** Mayonnaise, Sahne, Zitronensaft, Zucker und Gewürze zu einer Marinade verrühren und diese mit dem Sauerkraut, den Ananasstücken, den Apfel- und den Kasselerwürfeln vermischen. Den Salat 30 Minuten gut durchziehen lassen und vor dem Servieren nochmals abschmecken.

# Sauerkrauttopf mit Speck

Als in den USA Soldaten, die ihre Militärzeit in der Bundesrepublik verbracht hatten, einmal befragt wurden, was ihnen spontan einfällt, wenn sie an Deutschland denken, antwortete die Mehrheit: "Sauerkraut mit Eisbein". Aber es ist ein weitverbreiteter Irrtum anzunehmen, daß Sauerkraut eine urdeutsche Erfindung sei. Zwar dürfte bei uns das Sauerkraut schon vor dem Mittelalter bekannt gewesen sein, aber erfunden hat den "gegorenen Kohl" ein römischer Staatsmann und Schriftsteller namens Marcus Porcius Cato der Ältere, der von 234 bis 149 v. Chr. lebte und als strenger Verfechter des einfachen Lebens bekannt wurde.

*2 EL Gänseschmalz, 2 mittelgroße Zwiebeln, 750 g Sauerkraut, 1 säuerlicher Apfel, 1/8 Liter trockener Weißwein, 10 Wacholderbeeren, 1/4 Liter Bouillon, 50 g geräucherter Speck, 1 cl Kirschwasser, 4 Bockwürstchen*

Das Gänseschmalz in einem großen Topf erhitzen, die kleingeschnittenen Zwiebeln sowie das Sauerkraut dazugeben und unter ständigem Umrühren 5 Minuten schmoren. Anschließend den geschälten, entkernten und in kleine Stücke geschnittenen Apfel mit dem Weißwein und den Wacholderbeeren in den Topf geben. Mit der Bouillon auffüllen, den Topf zudecken und das Ganze auf kleiner Flamme 3 Stunden köcheln lassen. Nach etwa 2 Stunden den Speck hinzufügen, nach weiteren 30 Minuten das Kirschwasser und die Würstchen dazugeben und erhitzen. Zu diesem Gericht serviert man einen trockenen Weißwein.

# Geschmortes Sauerkraut mit Mettwurst

Zugegeben, im ersten Moment klingt die Behauptung merkwürdig, daß wahrscheinlich weder James Cook noch Sir Francis Drake oder John Hawkins ihre großen Entdeckungsreisen über die Weltmeere hätten unternehmen können, wenn es nicht schon damals Sauerkraut gegeben hätte. Aber sie stimmt. Ohne Sauerkraut hätte auf dem Speiseplan der Seefahrer neben Schiffszwieback nur Pökelfleisch gestanden. Sauerkraut aber bewahrte sie vor der Vitaminmangelerscheinung Skorbut, die als Folge unter anderem Muskelschwäche nach sich zieht, die sich damalige Seeleute einfach nicht leisten konnten.

*150 g durchwachsener Speck, Butter zum Ausfetten, 750 g Sauerkraut, 1 große Zwiebel, 2 EL Wacholderbeeren, Salz, schwarzer Pfeffer, 1 Kartoffel, 4 Mettwürstchen oder grobe geräucherte Bauernbratwürste, 1/8 Liter Fleischbrühe, 1/8 Liter Weißwein, 2 Lorbeerblätter*

Den Speck in feine Scheiben schneiden und eine gefettete feuerfeste Form ringsum damit auslegen. Das Sauerkraut zerzupfen, mit der feingehackten Zwiebel, den Wacholderbeeren, etwas Salz, Pfeffer und der geschälten, geriebenen Kartoffel gut vermischen. Die Hälfte des Sauerkrauts in die Form geben, die Würstchen darauflegen und das restliche Sauerkraut darüberschichten. Mit Fleischbrühe und Weißwein aufgießen und die Lorbeerblätter darauflegen. Die zugedeckte Form in den auf 175°C vorgeheizten Backofen schieben und das Ganze etwa 45 Minuten schmoren lassen.

# Schollen mit Karotten

Die Scholle gehört zur Familie der Plattfische und zählt bei uns zu den wichtigsten Speisefischen. Obwohl dieser kleinste eßbare Plattfisch überwiegend im westlichen Mittelmeer, an der Atlantikküste Europas, um Island und an den Küsten Großbritanniens und Norwegens vorkommt, kann unser Bedarf durch das Vorkommen in der Nord- und Ostsee gedeckt werden.

*4 Schollen, 1 EL Butter, Saft von 1 Zitrone, 1 Prise Streuwürze, 1 Prise weißer Pfeffer, 2 mittelgroße Zwiebeln, 1/8 Liter Weißwein, 1 kg Karotten, 300 g mehligkochende Kartoffeln, 1 TL Salz, 1 Prise Zucker, 1/8 Liter süße Sahne*

Die vorbereiteten Schollen waschen, mit Küchenkrepp trockentupfen und mehrmals mit einem scharfen Messer quer einschneiden. Eine feuerfeste Form mit Butter ausfetten, die Schollen hineingeben, mit Zitronensaft beträufeln und mit der Streuwürze und dem Pfeffer bestreuen. Die gewürfelten Zwiebeln zu dem Fisch in die Form geben, den Weißwein darübergießen, die Form mit einer ebenfalls eingefetteten Alufolie abdecken und den Fisch in dem auf 200°C vorgeheizten Backofen auf der unteren Schiene 20 Minuten garen. In der Zwischenzeit die Karotten putzen, die Kartoffeln schälen, beides kleinschneiden, mit Salz und Zucker in etwas Wasser etwa 20 Minuten weichdünsten und anschließend im Mixer fein pürieren. Die süße Sahne einrühren und das Püree nochmals abschmecken. Die fertiggegarten Schollen auf dem Kartoffel-Möhren-Püree angerichtet servieren. Ein leichter Weißwein paßt dazu am besten.

# Schwarzwurzeleintopf

Die braunschwarze Schale und der Saft der frischen Schwarzwurzeln hinterlassen auf der Haut dunkle Flecken, die sich nur mühsam innerhalb von Tagen entfernen lassen. Dagegen gibt es nur ein sicheres Mittel: beim Schälen oder Kleinschneiden Gummihandschuhe tragen.

*750 g Schweinenacken, 3 EL Öl, 2 mittelgroße Zwiebeln, 1 TL Salz, einige schwarze Pfefferkörner, 1 Prise getrockneter Thymian, 500 g Steckrüben, 1 Glas Schwarzwurzeln (500 g) oder 750 g frische Schwarzwurzeln, 300 g Kartoffeln, 1 Prise schwarzer Pfeffer, 1 Prise Zucker, 1 Bund Petersilie*

Den Schweinenacken waschen, mit Küchenkrepp trockentupfen, das Fleisch von den Knochen lösen und in große Würfel schneiden. In einem Topf das Öl erhitzen und hierin die Fleischwürfel rundherum anbraten, die gewürfelten Zwiebeln hinzufügen und mitbräunen. Anschließend mit Wasser auffüllen, mit Salz, Pfefferkörnern und Thymian würzen und 20 Minuten garen lassen. In der Zwischenzeit die Steckrüben putzen, waschen und in Stücke schneiden. Die Schwarzwurzeln auf ein Sieb schütten und abtropfen lassen (oder: die frischen Schwarzwurzeln schälen, in Stücke schneiden und bis zur Weiterverarbeitung in Essigwasser legen, damit sie sich nicht verfärben). Die Kartoffeln waschen, schälen, in mittelgroße Stücke schneiden und zusammen mit den Steckrüben und den Schwarzwurzeln zu dem garen Fleisch geben. Nochmals mit Salz, Pfeffer und Zucker abschmecken und bei leichter Hitze 30 Minuten kochen lassen. Das fertige Gemüse mit der feingehackten Petersilie garnieren.

# Schweinebraten mit Auberginen

Den Namen „Eierfrucht" verdankt die Aubergine ihrer Stammform, deren weiße und gelbliche Früchte in Form und Größe Hühnereiern sehr ähnlich sind. Die heute zum Verzehr angebotenen Auberginen haben länglich-ovale Früchte, die etwa 25 cm lang und 10 cm dick sind und bis zu 400 g wiegen können. Ihre Haut ist lackglänzend und von violetter Farbe. *Aubergine* bedeutet für viele zunächst einmal eine Modefarbe und dann erst – falls überhaupt – ein Gemüse. Auberginenpflanzen lieben ein warmes Klima und können über einen Meter hoch werden.

*3 Auberginen (etwa 500 g), 2 Knoblauchzehen, 1/4 Liter Weißwein, 1/8 Liter Wasser, 1 kg Schweinerollbraten, 2 EL Senf, Salz, weißer Pfeffer, Thymian, Koriander, 1/8 Liter saure Sahne, Edelsüßpaprika, weißer Pfeffer*

Die Auberginen waschen, in dicke Scheiben schneiden und in eine Kasserolle geben. Die zerdrückten Knoblauchzehen hinzufügen und Wein und Wasser darübergießen. Das Schweinefleisch mit Senf bestreichen, mit Salz, Pfeffer, Thymian und Koriander würzen und auf die Auberginen legen. Die geschlossene Kasserolle in den kalten Backofen setzen, auf 250°C erhitzen und das Gericht 90 Minuten garen lassen. Anschließend den Rollbraten herausnehmen und auf einer Platte im Backofen warmstellen. Die Auberginen mit der Sahne verrühren und mit Paprikapulver und Pfeffer abschmecken. Das Fleisch in Scheiben schneiden, anrichten und mit dem Auberginenpüree bedeckt servieren. Hierzu trinkt man am besten einen Weißwein.

# Sellerie-Kartoffel-Salat

Bei uns werden überwiegend nur zwei Selleriesorten angeboten, obwohl es drei Arten gibt. Als Stauden-, Stangen- oder Bleichsellerie wird die Sorte bezeichnet, die ohne Licht gezogen wird, so daß die Stengel saftig und die Blätter hellgelb bleiben. Knollensellerie hingegen hat verdickte Wurzeln und wird je nach Jahreszeit unterschiedlich groß; er wird als Gemüse oder als Salat gegessen. Weniger verbreitet ist der Schnittsellerie, von dem nur die Blätter, ähnlich der Petersilie, als Würzkraut Verwendung finden. Allerdings eignet sich auch das frische Laub des Knollenselleries sehr gut zum Würzen.

*500 g Pellkartoffeln, 1/4 Liter Fleischbrühe, 1 Staude Stangensellerie, 2 säuerliche Äpfel, 2 Gewürzgurken.*
**Für die Mayonnaise:** *1 Eigelb, 1 TL Senf, 1 EL Öl, 100 g Magerquark, 1 TL Zitronensaft, weißer Pfeffer, Salz*

Die kalten Pellkartoffeln schälen, in Scheiben schneiden, die heiße Fleischbrühe darübergießen und 10 Minuten ziehen lassen. Die Selleriestaude in Stangen zerlegen, putzen, gründlich waschen und in feine Stücke schneiden. Die Äpfel schälen, halbieren, vom Kerngehäuse befreien und in Scheiben schneiden. Die abgetropften Gewürzgurken würfeln.
**Für die Mayonnaise:** Das Eigelb mit Senf verrühren, mit Öl und Quark vermischen und abschmecken. Die Kartoffeln auf einem Sieb abgießen, abtropfen lassen und anschließend mit dem Sellerie, den Äpfeln und den Gurken in einer Schüssel vermengen. Die Quarkmayonnaise darunterheben und mit Zitronensaft, Pfeffer und Salz abschmecken. Den Salat 30 Minuten an einem kühlen Ort ziehen lassen.

# Selleriepüree

Im Orpheus-Mythos entsteht der Sellerie aus dem Blut des Kadmilos, Sohn des Vulkan und der Kabiria und Vater der mysteriösen Kabiren, die auf Samothrake als Nebengottheiten verehrt wurden. Einer anderen Version zufolge soll er sich aus dem Blut eines Korybanten gebildet haben. Bei den Isthmischen Spielen, die nach den Olympischen Spielen als wichtigstes Ereignis im alten Griechenland galten, wurden die Sieger mit Sellerie bekränzt. Macer Floridus weiß zu berichten, daß auch der siegreiche Herkules mit Sellerieblättern bekränzt wurde. Neben den anderen klassischen Pflanzen wie Rebe, Efeu und Stechlinde erscheint der Sellerie auch im Dionysos-Kult. Die Stadt Selinunt auf Sizilien, man höre und staune, wurde nicht nur nach einer wilden Selleriepflanze benannt, sondern man prägte dort auch Münzen mit Sellerieabbildungen.

---

1 Sellerieknolle (etwa 750g), 100g Butter, 1/4 Liter süße Sahne, Salz, weißer Pfeffer, 2 EL Zitronensaft

---

Die Sellerieknolle schälen, waschen, in kleine Würfel schneiden und etwa 30 Minuten in Salzwasser garen. Die gekochten Selleriewürfel auf einem Sieb abtropfen lassen und anschließend zusammen mit der Butter und der süßen Sahne mit dem Mixer pürieren. Das Ganze erwärmen und mit Salz, Pfeffer und dem Zitronensaft abschmecken. Selleriepüree eignet sich als Beilage zu allen Bratenarten.

# Selleriesuppe pikant

Sellerie ist ein ausgesprochen kalorienarmes, aber mineralstoff- und vitaminreiches Gemüse. Daher bietet sich dieses Suppenrezept für Kalorienbewußte ganz besonders an. Denn 100 g roher Knollensellerie enthalten nur 40 kcal und 100 g Staudensellerie sogar nur 21 kcal. Knollensellerie kann man sowohl roh als auch gegart essen.

*500 g Knollensellerie, 4 große mehligkochende Kartoffeln, 1 Knoblauchzehe, 2 mittelgroße Zwiebeln, 30 g Butter, 1 Liter Fleischbrühe, 1/8 Liter süße Sahne, weißer Pfeffer, 1 Prise gemahlene Muskatnuß, 1 Prise Zucker, 1 EL Zitronensaft, 1 Eigelb, 1 EL gehackter Kerbel, Sellerielaub, 2 Scheiben Weißbrot, 15 g Butter*

Sellerie und Kartoffeln schälen, waschen und in gleichgroße Würfel schneiden. Die Knoblauchzehe und die Zwiebeln schälen, feinhacken und alles zusammen in der Butter andünsten. Die Fleischbrühe dazugeben und das Ganze zugedeckt 20 Minuten garen lassen. Anschließend das Gemüse in einem Mixer pürieren oder durch ein Sieb passieren. Die süße Sahne dazugeben und die Suppe weitere 25 Minuten leicht kochen. Dann mit den Gewürzen, Zucker und Zitronensaft abschmecken, mit dem Eigelb legieren, den Kerbel unterziehen und mit dem Sellerielaub garnieren. Die beiden Weißbrotscheiben entrinden, kleinwürfeln, in der heißen Butter anrösten und zur Suppe reichen.

# Überbackener Sellerie

Zu Kalypso, der Nymphe aus der griechischen Sage, rettete sich der schiffbrüchige Odysseus, und sie pflegte ihn auf ihrer Insel Ogygia sieben Jahre lang. Während seines Aufenthalts soll sie ihm mit Vorliebe Selleriegemüse serviert haben, sei's um seiner Gesundheit willen oder um ihn bei Laune zu halten. Denn Sellerie enthält neben anderen Vitaminen und Mineralstoffen auch das Vitamin E mit seiner stimulierenden Wirkung.

*3 Sellerieknollen (etwa 900 g), 40 g Butter, Salz, Cayennepfeffer, gemahlene Muskatnuß, 200 g geriebener Gouda, 200 g süße Sahne, 1 EL Paniermehl, 1 Bund Petersilie*

Die Sellerieknollen putzen, waschen und in Salzwasser 30 Minuten garen. Anschließend schälen, halbieren und in dicke Scheiben schneiden. In eine mit Butter eingefettete feuerfeste Form mehrere Lagen Selleriescheiben schichten, dazwischen jeweils mit Salz, Cayennepfeffer und Muskatnuß würzen und auf jede Schicht etwas Käse streuen. Zum Schluß die Sahne darübergießen und mit dem restlichen Käse und dem Paniermehl bestreuen. Einige Flöckchen Butter daraufsetzen und das Ganze für 30–40 Minuten in den auf 220°C vorgeheizten Backofen schieben. Den goldgelb überbackenen Sellerie mit der feingehackten Petersilie garnieren und heiß servieren.

# Sommer-Allerlei

Die Artischocke steht bei Feinschmeckern zu Recht hoch im Kurs. Aber auch als Heilpflanze kommt diesem Gemüse eine beachtliche Bedeutung zu. Die grünen Blätter und der Stiel der Pflanze weisen zwar einen sehr hohen Gehalt an Bitterstoffen auf, jedoch werden nur die Blütenböden und Hüllkelchblätter gegessen. Artischocken kann man nur gekocht verzehren.

*6 junge Artischocken, Saft von 1 Zitrone, 200 g Karotten, 200 g Kohlrabi, 100 g Frühlingszwiebeln, 30 g Butter, 1 TL Knoblauchgewürz, 1/2 Liter Hühnerbrühe, Salz, weißer Pfeffer, 1/2 TL Estragon*

Die Artischocken waschen, auf einem Sieb abtropfen lassen, grobe Blätter entfernen und die Blattspitzen mit einer Küchenschere abschneiden. Die Artischocken vierteln, mit einem Löffel das „Heu" sorgfältig entfernen, den Boden und Stengelansatz sehr dünn schälen und alle Schnittflächen sofort mit Zitronensaft beträufeln, um eine Verfärbung zu vermeiden. Die Karotten putzen, waschen und in dünne Streifen schneiden, die Kohlrabi schälen, waschen und in Scheiben schneiden, die Zwiebeln halbieren. Das gesamte Gemüse etwa 5 Minuten in Butter andünsten, mit Knoblauch würzen, mit der Hühnerbrühe ablöschen und kurz aufkochen lassen. Das Ganze 15–20 Minuten köcheln lassen, so daß das Gemüse noch Biß hat. Zum Schluß mit Salz, Pfeffer und Estragon abschmecken.

# Sommersalat

Die Germanen bereiteten sich aus Wildkräutern und Kohl einen für damalige Ansprüche sicher recht wohlschmeckenden Salat. Bei den Griechen galt das Mischen von Salaten als hohe Kunst. Am französischen Hof gab es dann sogar spezielle Salatmischer, die den Rang eines Hofbeamten bekleideten und für besonders gelungene Kreationen mit Orden bedacht wurden.

*1 Blumenkohl, 1/2 Liter Milch, 1/2 Liter Wasser, 1/2 Salatgurke, Salz, 2 EL Öl, 3 EL Dillessig.*
**Für die Sauce:** *4 EL süße Sahne, Salz, Cayennepfeffer, 1 TL Essig, 2 Karotten*

Den Blumenkohl waschen, Außenblätter entfernen und den ganzen Kopf in der mit Wasser verdünnten Milch 15 Minuten garen lassen. Den Blumenkohl auf einem Sieb abtropfen lassen, das Gemüsewasser auffangen und abkühlen lassen. Die gewaschene und geschälte Salatgurke in feine Würfel schneiden und salzen. Öl und Dillessig erhitzen, die Gurkenwürfel 5–10 Minuten darin weichschmoren, herausnehmen und über einem Topf abtropfen lassen.

**Für die Sauce:** Das Gurkenwasser mit 1/4 Liter Blumenkohlwasser aufgießen und unter kräftigem Rühren 2–3 Minuten kochen. Die Sahne unterrühren und mit Salz, Cayennepfeffer und Essig pikant abschmecken. Den Blumenkohl in Röschen teilen, den Strunk feinwürfeln und alles mit den Gurkenwürfeln mischen. Die Sauce noch warm darübergießen und abkühlen lassen. Vor dem Anrichten den Salat mit den geputzten und geraspelten Karotten bestreuen.

# Spargel auf Eierschnitten

Spargel gehört zu den ältesten Kulturpflanzen. Seine Heimat liegt in Vorderasien. Bei uns wird dieses feine Gemüse erst seit dem 16. Jahrhundert kultiviert.

*2 Dosen Spargelabschnitte (insgesamt 500 g), 1 EL Butter, 2 Dosen geschnittene Champignons (insgesamt 340 g), 1 TL Mehl, 1 Bund Petersilie, 1/8 Liter saure Sahne, Salz, 1 Prise weißer Pfeffer, 1 Prise Zucker, 2 Eier, 3/8 Liter Milch, 2 EL Butter, 4 Scheiben Weißbrot, 200 g gekochter Schinken*

Die Spargelabschnitte über einem Sieb abgießen, abtropfen lassen und das Spargelwasser aufheben. In einem Topf die Butter erhitzen und die ebenfalls abgetropften Champignons darin dünsten. Mit Mehl überstäuben, durchrühren und 1/4 Liter Spargelwasser zugießen. Unter Rühren aufkochen lassen. Von der feingehackten Petersilie etwa 1 TL zurückbehalten, den Rest zusammen mit der sauren Sahne unterrühren und mit Salz, Pfeffer und Zucker abschmecken. Den Spargel darutergeben. Die Eier mit Milch und einer Prise Salz verquirlen, etwa die Hälfte der Eimilch über die Weißbrotscheiben gießen und diese kurz quellen lassen. In einer großen Pfanne die Butter erhitzen, die aufgequollenen Brotscheiben hineingeben, den Rest der Eimilch darübergießen, mit dem gewürfelten Schinken bestreuen und bei mittlerer Hitze stocken lassen. Die Brotscheiben aus der Pfanne nehmen und auf Tellern anrichten. Das Spargelgemüse portionsweise darüber verteilen und mit der restlichen Petersilie garnieren. Ein leichter Moselwein schmeckt dazu besonders gut.

# Spargel-Wurst-Frikassee

Schon Plato erwähnte Spargel in seinen Schriften, und der Komödiendichter Aristophanes widmete ihm so manchen Vers. Aber auch die alten Ägypter haben Spargel hoch geschätzt, sie gaben ihn ihren Toten als Wegzehrung mit auf die letzte Reise. Und von den Römern wissen wir, daß sie Lobgesänge auf dieses Gemüse anstimmten.

---

*500 g frischer Spargel, 1/2 TL Salz,
1 EL Butter, 1 Prise Zucker, Saft von
1 Zitrone, 2 geräucherte Mettwürstchen oder
grobe gerauchte Bauernbratwürste,
2 Tomaten, 1 Dose geschnittene
Champignons (170 g).*
***Für die Sauce:*** *30 g Butter, 30 g Mehl,
1/4 Liter Milch, 1/4 Liter Fleischbrühe, Salz,
weißer Pfeffer, Saft von 1 Zitrone,
Worcestersauce, 1 Bund Petersilie*

---

Den Spargel waschen, schälen, die holzigen Enden abschneiden, in kochendem Salzwasser zusammen mit der Butter, dem Zucker und dem Zitronensaft 15–20 Minuten garen und anschließend abtropfen lassen. Die Mettwürstchen in Scheiben schneiden. Die Tomaten abbrühen und häuten, entkernen und in Würfel schneiden, die Champignons abtropfen lassen.
**Für die Sauce:** Die Butter in einem Topf erhitzen, das Mehl einrühren, mit Milch und Fleischbrühe auffüllen und 5 Minuten köcheln lassen. Anschließend salzen, pfeffern, mit Zitronensaft und einigen Spritzern Worcestersauce abschmecken. Den Spargel mit den Mettwurstscheiben, den Tomaten und den Champignons unter die Sauce heben und mit der feingehackten Petersilie bestreuen. Dazu trinkt man einen leichten Weißwein.

# Hoerdter Spargel

Die Gegend um Hoerdt nördlich von Straßburg entwickelte sich vor über hundert Jahren zu einem Spargelparadies.

*2 kg Spargel, Salz, 50 g Butter, 1 Prise Zucker, Saft von 1/2 Zitrone.*
***Sauce Mousseline:*** *150 g Butter, 1 EL trockener Weißwein, 1/2 EL Estragonessig, weißer Pfeffer, 3 Eigelb, Salz, Saft von 1/2 Zitrone, 1/8 Liter süße Sahne.*
***Sauce Vinaigrette:*** *6 EL Öl, 3 EL Essig, 1 TL Dijonsenf, 1 mittelgroße Schalotte, 1/2 Bund Schnittlauch, Salz, weißer Pfeffer.*
***Sauce Mayonnaise:*** *3 Eigelb, 1 TL Senf, 1 EL Estragonessig, Salz, weißer Pfeffer, 1/4 Liter Öl*

Den Spargel schälen, die holzigen Enden abschneiden und in kochendem Salzwasser mit Butter, einer Prise Zucker und dem Zitronensaft etwa 15–20 Minuten garen lassen. Mit den folgenden drei Saucen warm anrichten.
**Sauce Mousseline:** Die Butter zergehen lassen, den Schaum abschöpfen, die Butter abgießen und auffangen, den Bodensatz jedoch nicht verwenden. Wein und Estragonessig in eine weitere Kasserolle geben, mit Pfeffer würzen und auf 2/3 einkochen. Die Eigelb mit etwas Wasser verrühren und zugeben, das Ganze cremig schlagen, die geklärte Butter unterrühren und mit Salz und dem Zitronensaft abschmecken. Kurz vor dem Servieren die Sahne vorsichtig unterheben.
**Sauce Vinaigrette:** Öl und Essig mit dem Senf verrühren. Die Schalotte schälen, kleinwürfeln und ebenso wie den Schnittlauch feinhakken. Beides in die Sauce geben und mit Salz und Pfeffer abschmecken.
**Sauce Mayonnaise:** Für das Gelingen ist es wichtig, daß alle Zutaten die gleiche Temperatur haben. Die Eigelb mit dem Senf, Essig, Salz und Pfeffer schaumig rühren, dann das Öl tropfenweise darunterschlagen.

# Warmer Spargelsalat

Für Spargel gilt: Ob grün, violett oder weiß, jede Farbe hat ihre Qualität. Grüner Spargel wird hauptsächlich in Frankreich, Ungarn und in weiten Teilen der USA angebaut. Er wächst oberirdisch zu seiner vollen Länge und besitzt eine recht intensive und leicht herbe Geschmacksnote. Außerdem braucht er nicht geschält zu werden. Violetter Spargel, bei dem die Köpfe während des Kochens grün werden, kommt aus Italien und schmeckt etwas süßlich. Herzhafter im Geschmack ist dagegen der Spargel mit den leicht violetten Köpfen, er stammt aus Frankreich oder Italien. Deutscher Spargel hat weiße Köpfe und zeichnet sich durch einen süßlich-milden Geschmack aus.

*1 kg frischer Spargel, 1 Prise Zucker, 1 EL Butter.*
**Für die Marinade:** *3 EL Essig, 3 EL Öl, 1/2 TL Zitronensaft, Schnittlauch*

Den Spargel schälen und die holzigen Enden abschneiden. Die Spargelstangen zu zwei Bündeln mit Garn zusammenbinden, die Spargel mit den Köpfen nach oben in ein hohes Gefäß mit kochendem Salzwasser stellen, Zucker und Butter zufügen und 15–20 Minuten garen. Die Bündel herausnehmen und das Gemüsewasser aufheben, die Fäden entfernen und den Spargel in 4 Portionen teilen.
**Für die Marinade:** Essig, Öl, Zitronensaft und etwas Gemüsewasser verrühren und über den Spargel gießen. Mit gehacktem Schnittlauch garniert servieren.

# Speckeierkuchen mit Spinat

So mancher erinnert sich sicherlich noch daran, wie ihm als Kind Spinat förmlich aufgezwungen wurde, weil Spinat viel von dem für die Blutbildung wichtigen Eisen enthalten soll. Jedoch ist heute bewiesen, daß der Eisengehalt im Spinat überschätzt wurde. Ein Schweizer Physiologe hatte die Angaben über den Eisengehalt im getrockneten Spinat gemacht, die für frischen Spinat übernommen wurden. Erst später stellte man fest, daß hier der Eisengehalt wesentlich geringer ist.

*Für die Füllung:* 450 g tiefgefrorener Spinat, 20 g Butter, 1 Messerspitze gemahlene Muskatnuß, 1 Messerspitze weißer Pfeffer, 1/2 TL Salz.
*Für die Eierkuchen:* 8 Eigelb, 8 EL Wasser, 8 EL Mehl, 8 Eiweiß, Salz, 200 g durchwachsener Speck

**Für die Füllung:** Den tiefgefrorenen Spinat in einen Topf geben und bei mittlerer Hitze langsam auftauen lassen. Die Butter erhitzen, den Spinat und die Gewürze dazugeben, kurz aufkochen lassen und warmhalten.
**Für die Eierkuchen:** Die Eigelb mit Wasser und Mehl verrühren, das Eiweiß mit etwas Salz zu steifem Schnee schlagen und unter die Eigelbmasse heben. Den Speck in dünne Scheiben schneiden und in vier Portionen teilen. In einer größeren Pfanne jeweils eine Portion der Speckscheiben ausbraten und ein Viertel der angerichteten Teigmasse daraufgeben. Nach 2–3 Minuten den Eierkuchen wenden, ausbacken, auf eine halbe Fläche ein Viertel der Spinatmasse füllen, den Eierkuchen zusammenklappen und so lange warmstellen, bis alle Speckeierkuchen ausgebacken sind. Sehr gut schmeckt dazu ein kräftiges Bier.

# Spinatauflauf

Frischer Spinat enthält, wie jüngste Untersuchungen ergaben, auf 100 g 3–4 mg Eisen. Jedoch wird nach dem Garen vom menschlichen Organismus nur noch ein Viertel, nach dem Dünsten nur noch ein Drittel davon aufgenommen. Spinat enthält aber 10 wichtige Vitamine und 13 Mineralstoffe und ist daher biologisch besonders wertvoll. Zubereiteter Spinat sollte nach einigen Stunden nicht mehr aufgewärmt werden.

*750 g tiefgefrorener Spinat,*
*600 g rohe Kartoffeln, 2 EL Butter, Salz,*
*weißer Pfeffer, gemahlene Muskatnuß,*
*200 g gekochter Schinken,*
*200 g geriebener Emmentaler*

Den Spinat bei geringer Hitze in einem Topf auftauen lassen. Die Kartoffeln schälen, waschen und in dünne Scheiben schneiden. Einen Eßlöffel Butter in einer Pfanne zerlassen, die Kartoffelscheiben dazugeben, salzen und bei guter Hitze etwa 20 Minuten braunbraten. Eine Auflaufform einfetten und den mit Salz, Pfeffer und Muskatnuß abgeschmeckten Spinat abwechselnd mit den gebratenen Kartoffeln hineinschichten. Den Schinken in feine Streifen schneiden, über den Auflauf verteilen, alles mit dem geriebenen Käse bestreuen und im auf 200°C vorgeheizten Backofen etwa 20 Minuten überbacken.

# Suermoos mit Snutkens

Das vorgeschlagene Rezept gehört im Münsterland zu den Leibgerichten. Snutkens ist die Schweineschnauze, also das Fleisch, das den Oberkiefer von der Nase bis zu den Augen bzw. den Unterkiefer bis zu den Backen bedeckt. Manchmal gibt es auch noch die Öhrkens – die Schweineohren – als preiswerte Fleischbeilage. Suermoos ist Sauerkraut. „Et gifft kin gröter Mallör im Huse, als wenn't Suermoosfatt löppt!" sagte man früher in bäuerlichen Haushalten des Münsterlandes, was auf hochdeutsch heißt: „Es gibt kein größeres Unglück im Haus, als wenn das Sauerkrautfaß läuft."

*800 g Schweineschnauze, 3 mittelgroße Zwiebeln, 1 TL getrockneter Majoran, 1 Lorbeerblatt, 5 grüne Pfefferkörner, 5 Pimentkörner, 50 g Schweineschmalz, 1 TL Wacholderbeeren, 750 g Sauerkraut, 1 mittelgroße Kartoffel, Salz, weißer Pfeffer, 1 Prise Zucker*

Das Fleisch waschen, abtropfen lassen, mit einer grobgeschnittenen Zwiebel und den Gewürzen in einen Topf mit Salzwasser geben. Das Wasser zum Kochen bringen und alles zugedeckt 1 1/2 – 2 Stunden bei mittlerer Hitze garen lassen. Anschließend die restlichen Zwiebeln würfeln und in einem Topf in dem heißen Schmalz glasig dünsten. Die Wacholderbeeren und das mit einer Gabel aufgelockerte Sauerkraut dazugeben. 1/4 Liter des Fleischwassers darübergießen und das Kraut zugedeckt bei schwacher Hitze etwa 35 Minuten garen. Die geschälte Kartoffel in das Sauerkraut reiben, nochmals aufkochen und mit Salz, Pfeffer und Zucker abschmecken. Das Sauerkraut in einer Schüssel mit dem portionierten Fleisch servieren. Dazu schmecken Kartoffelbrei und ein kühles Bier.

# Tomatenreistopf mit Meerestieren

Krabben sind eigentlich Kurzschwanzkrebse, von denen viele Arten als Leckerbissen gelten. Zoologisch daher falsch, aber weit verbreitet ist der Name für die Meerestiere, die an deutschen Küsten gefangen und als „Krabben" angeboten werden: Sie gehören zur Familie der Garnelen und sind den Nordsee- oder Sandgarnelen zuzurechnen. Garnelen werden noch an Bord der Kutter gekocht und an Land dann sofort geschält und weiterverarbeitet, da das Fleisch nur eine geringe Haltbarkeit besitzt. Im Binnenland kommen sie daher meist in Dosen auf den Markt.

*2 große Zwiebeln, 3 EL Butter, 160 g Langkornreis, 1 große Dose geschälte Tomaten (800 g), 200 g Muscheln aus der Dose, 200 g Krabbenfleisch aus der Dose, 2 TL Salz, 1 Dose Champignons (250 g), 1/8 Liter trockener Weißwein, 1 Zweig Dill*

Die feingehackten Zwiebeln in einem Topf mit 2 EL heißer Butter anbraten und den Reis dazugeben. Tomaten, Muscheln und Krabbenfleisch abtropfen lassen, jeweils den Saft aufheben, zusammengießen und mit Wasser auf 1/3 Liter auffüllen. Mit Salz abschmecken, zu dem Reis geben und das Ganze bei schwacher Hitze 20 Minuten kochen. Inzwischen die abgetropften Champignons in der restlichen Butter anbraten, etwas Salz, die Tomaten, die Muscheln, das Krabbenfleisch und den Weißwein hinzufügen. Alles vorsichtig umrühren und etwa 3–4 Minuten dünsten. Anschließend die Mischung mit einer Gabel unter den fertigen Reis heben und das Gericht mit Dill garnieren.

# Tomatensuppe

Das Andengebiet gilt als die Urheimat der Tomaten. Die Spanier und Portugiesen brachten sie von ihren Eroberungszügen mit zu uns, einer Version nach war es sogar Christoph Kolumbus selbst. Wilde Tomaten waren einst nur so groß wie Kirschen. Peruanische und mexikanische Indianer haben sie aber im Laufe der Zeit zu der heute bekannten Größe herangezüchtet. Sie nannten sie *tomatl*, das bedeutet übersetzt so viel wie Schwellfrucht. Wie alles Neue fand auch die Tomate nicht sofort uneingeschränkte Zustimmung. Die Engländer priesen sie zunächst als Blutreinigungs- und Schlankheitsmittel, und auf dem Kontinent zog man sie nur als Zierpflanze. Erst Mitte des 18. Jahrhunderts begann man in Europa mit der Kultivierung der Tomaten.

*500 g Tomaten, 30 g Butter, 2 mittelgroße Zwiebeln, 3/4 Liter Fleischbrühe, 1/8 Liter Weißwein, 1 Lorbeerblatt, 1 Prise Salz, 1 Prise weißer Pfeffer, 1 Prise Rosmarin, 1 TL Zucker, 200 g Dickmilch, 1 EL Speisestärke*

Die Tomaten vierteln und die Stengelansätze herausschneiden. Die Butter erhitzen und die gewürfelten Zwiebeln darin glasig dünsten, die Tomatenstücke dazugeben, kurz schmoren lassen und mit der Fleischbrühe und dem Weißwein auffüllen. Das Lorbeerblatt dazugeben und alles 20 Minuten kochen. Anschließend mit Salz, Pfeffer, Rosmarin und Zucker abschmecken, die Suppe durch ein Sieb streichen und mit der in der Dickmilch verrührten Speisestärke binden.

# Weißkohl-Hackfleisch-Auflauf

Ganz gleich, ob man zum Weißkohl wie die Eidgenossen *Kabis* sagt oder *cabbage* wie die Engländer, alle diese Bezeichnungen haben ihren Ursprung im lateinischen Wort *caput*, das „Kopf" bedeutet. Man rechnet Weißkohl – genau wie Rotkohl oder Wirsing – ja auch zu den Kopfkohlsorten.

*1 Weißkohl (etwa 1 kg), 2 mittelgroße Zwiebeln, 4 EL Butter, 300 g gemischtes Hackfleisch, 1 TL Salz, 1 TL Edelsüßpaprika, Butter oder Öl zum Ausfetten, 1 EL Paniermehl, 1 TL Tomatenmark, 1/4 Liter Fleischbrühe, 75 g geriebener Gouda, 2 Eier, 1/4 Liter Milch*

Den geputzten Kohlkopf vierteln, den Strunk herausschneiden und die Viertel in feine Streifen schneiden. Die feingehackten Zwiebeln in der heißen Butter leicht bräunen, das Fleisch zugeben und 5 Minuten mit anbraten. Anschließend die Weißkohlstreifen, Salz und Paprikapulver dazugeben und bei mittlerer Hitze 30 Minuten dünsten. In der Zwischenzeit eine feuerfeste Form einfetten und mit Paniermehl ausstreuen. Die Kohl-Fleisch-Mischung hineinfüllen und die mit Tomatenmark verrührte Fleischbrühe darübergießen. Bei mittlerer Hitze das Gericht 15–20 Minuten garen, bis die Flüssigkeit fast völlig verdunstet ist. Den Auflauf vom Herd nehmen, etwas abkühlen lassen und mit dem Käse bestreuen. Die Eier mit Milch verquirlen und über den Auflauf gießen. Zum Schluß das Gericht noch 45 Minuten im auf 175°C vorgeheizten Backofen backen. Ein kühles Bier schmeckt dazu am besten.

# Weißkohl mit Sahne

Weißkohl, gemeinhin auch Kappes genannt, wird in seinem gesundheitlichen Wert häufig unterschätzt. Er enthält viele wertvolle Vitamine und wichtige Mineralstoffe. Seine therapeutische Wirkung war schon im Altertum bekannt. Und noch etwas spricht für den Weißkohl: In 100 g dieses Gemüses sind nur 26 kcal enthalten, daher dürfen auch Kalorienbewußte diesen Weißkohl mit Sahne genießen.

*1 Weißkohl (etwa 750 g), 1/2 Liter Fleischbrühe, 50 g Butter, 1/4 Liter saure Sahne, weißer Pfeffer, Salz, gemahlene Nelken, 1 Prise Zucker, 1 EL gehackte Küchenkräuter*

Von dem Weißkohl die welken Blätter entfernen, den Kohl vierteln und den Strunk herausschneiden. Die Fleischbrühe erhitzen und die Weißkohlstücke 15–20 Minuten hineingeben, bis sie fast gar sind. Anschließend den Kohl aus der Brühe heben und in einem Sieb abtropfen lassen. Die Butter in einer Pfanne erhitzen und die Kohlstücke darin leicht anbräunen. Die Sahne dazugeben, mit den Gewürzen und Zucker abschmecken und den Kohl bei leichter Hitze 10 Minuten garziehen lassen. Vor dem Servieren das Gemüse mit den Kräutern bestreuen.

# Weißkohlsuppe

Die ursprüngliche Heimat des Echten Lorbeers ist wohl Kleinasien, heute kommt er verwildert wie kultiviert im ganzen Mittelmeergebiet vor. Römer und Griechen kannten und verwendeten Lorbeer als Heil-, Gewürz- und Zierpflanze. Bis heute haben die Früchte, Blätter und das Öl des Lorbeers nichts von ihrer Beliebtheit verloren. Lorbeer wächst als kräftiger immergrüner Strauch oder als bis zu 12 m hoher Baum.

*500 g Rindfleisch zum Kochen,
250 g Schweinefleisch, 250 g durchwachsener Räucherspeck, 1 mittelgroße Zwiebel,
1 EL Schweineschmalz, 500 g rote Bete,
2 EL Rotweinessig, 1/8 Liter Fleischbrühe,
100 g Karotten, 500 g Weißkohl,
100 g Sellerieknolle, 1 EL Zitronensaft, Salz,
1 Lorbeerblatt, 1 EL gehackte Petersilie,
4 EL saure Sahne*

Das Rindfleisch, das Schweinefleisch und den Speck in kochendem Salzwasser etwa 70 Minuten sieden lassen. Anschließend das Fleisch und den Speck in Würfel schneiden. Die gewürfelte Zwiebel in heißem Schweineschmalz goldgelb andünsten. Die roten Bete waschen, schälen, in Streifen schneiden, zu der Zwiebel geben und anschmoren. Mit Rotweinessig ablöschen, mit der Fleischbrühe auffüllen und das Ganze 30 Minuten kochen lassen. In der Zwischenzeit das Gemüse putzen, waschen und zerkleinern, die Sellerie mit Zitronensaft beträufeln. Die Fleischstücke, das Gemüse und die Gewürze in die Suppe geben und weitere 25 Minuten zugedeckt kochen. Vor dem Servieren die saure Sahne unterrühren.

# Wirsingauflauf

Wirsing wird mancherorts auch Welschkohl oder Savoyer Kohl genannt. Er ist ein kräftiger und würzig schmeckender Verwandter des Weißkohls. Man findet ihn ganzjährig im Angebot. Frühwirsing wird dabei häufig aus Holland importiert.

*1 kleiner Wirsing (etwa 500 g), 500 g Kartoffeln, 500 g gemischtes Hackfleisch, 2 Eier, 1 TL Salz, 1 TL Edelsüßpaprika, 1/2 TL Knoblauchgewürz, 50 g Butter, Salz, weißer Pfeffer, gemahlene Muskatnuß, 1/4 Liter süße Sahne, 1 Eigelb, 50 g Frühstücksspeck*

Den Wirsing von welken Blättern befreien, halbieren, den Strunk herausschneiden, waschen und in feine Streifen schneiden. In kochendem Salzwasser 2–3 Minuten blanchieren und das Gemüse auf einem Sieb abtropfen lassen. Die geschälten Kartoffeln in dünne Scheiben schneiden, das Hackfleisch mit den Eiern und den Gewürzen vermischen. Die Hälfte der Kartoffelscheiben und der Wirsingstreifen in eine mit Butter ausgestrichene feuerfeste Form schichten, mit Salz, Pfeffer und Muskatnuß würzen, den Hackfleischteig daraufgeben und mit den restlichen Kartoffeln und Wirsingstreifen auffüllen. Das Eigelb unter die Sahne ziehen und über den Auflauf verteilen. Das Ganze im auf 200°C vorgeheizten Backofen 90 Minuten garen, nach der Hälfte der Zeit Alufolie über die Form legen. Inzwischen den in Scheiben geschnittenen Frühstücksspeck kroß ausbraten und auf dem fertigen Auflauf anrichten.

# Gefüllte Zucchini

Zucchini gehören zur selben Pflanzenfamilie wie Kürbisse und Gurken. Die Seefahrer waren es, die dieses Gemüse im 16. Jahrhundert mit so manch anderen botanischen Neulingen nach Europa brachten. Zucchini werden seitdem vornehmlich in den sonnenreichen Gegenden Europas angebaut. Man findet sie auch in Süddeutschland. Der Hauptlieferant für unsere heimischen Märkte aber ist Italien. Da in den verschiedenen Ländern Zucchini unterschiedliche Erntezeiten haben, wird dieses Gemüse das ganze Jahr hindurch bei uns frisch angeboten. Man kann Zucchini braten, dünsten oder schmoren, seltener werden sie roh als Salat zubereitet.

*4 große Zucchini, 3 mittelgroße Zwiebeln, 1 Bund Dill, 1 Bund Petersilie, 200 g Hackfleisch, 60 g gekochter Reis, Salz, weißer Pfeffer, 1/2 Liter Fleischbrühe, 50 g Butter.*
***Für die Sauce:*** *2 Knoblauchzehen, 3/4 Liter Joghurt, Salz*

Die Zucchini gründlich waschen, von Blütenansatz und Stiel befreien, längs halbieren und mit einem Löffel aushöhlen. Die Zwiebeln schälen und feinschneiden. Dill und Petersilie kleinhacken und mit dem Hackfleisch und dem Reis vermengen, mit Salz und Pfeffer würzen. Die ausgehöhlten Zucchini mit dem Fleischteig füllen und nebeneinander in einen großen Topf legen. Die Fleischbrühe darübergießen, die Butter in Flöckchen über das Gemüse verteilen und das Ganze bei geschlossenem Topf etwa 40 Minuten bei mittlerer Hitze garen.
**Für die Sauce:** Die zerdrückten Knoblauchzehen mit Joghurt und Salz vermischen und die Sauce getrennt zu den gefüllten Zucchini reichen.

# Überbackene Zucchini mit Paprikaschoten

Zucchini – ins Deutsche übersetzt: kleine Kürbisse – haben mittlerweile bei uns ihren festen Platz im Gemüseangebot. Man kann sie auch leicht selbst im Garten ziehen. Beim Einkauf wählt man am besten feste Exemplare mit einer glatten grünen Schale. Zucchini müssen nicht geschält werden.

*4 mittelgroße Zucchini, 5 EL Olivenöl, 1 TL Salz, 2 rote Paprikaschoten, 4 Tomaten, 4 Anchovisfilets, 1/2 TL Knoblauchgewürz, 1/4 TL Basilikum, 150 g in Scheiben geschnittener Gouda*

Die Zucchini waschen, Blütenansatz und Stielenden abschneiden, die Früchte längs halbieren, in kochendem Salzwasser 2 Minuten blanchieren und gut abtropfen lassen. Eine feuerfeste Form mit 2 EL Öl ausstreichen, die Zucchinihälften hineinlegen und mit 1/2 TL Salz bestreuen. Die Paprikaschoten waschen, halbieren, putzen, entkernen und in Streifen schneiden. Die Tomaten überbrühen, häuten und kleinschneiden, die Anchovisfilets längs halbieren. 3 EL Öl in einer Pfanne erhitzen, die Tomaten und die Paprikastreifen darin anbraten, das restliche Salz, Knoblauchgewürz und Basilikum zugeben und alles bei kleiner Hitze etwa 20 Minuten schmoren. Die Tomatenstücke und Paprikastreifen auf die Zucchini verteilen und alles mit Käsescheiben bedecken. Die Anchovisfilets darauflegen, das restliche Öl aus der Pfanne darüberträufeln und das Ganze im auf 220°C geheizten Backofen etwa 15 Minuten überbacken. Man trinkt dazu einen trockenen Weißwein oder ein herbes Bier.

# Zwiebelsuppe

In der Volks- und Naturheilkunde kommt der Zwiebel eine große Bedeutung zu. Schon die alten Griechen und Römer maßen diesem Lauchgewächs kampfstärkende Wirkung bei, und auch der Liebe soll sie dienlich sein. Im antiken Thrakien – dem östlichen Teil der Balkanhalbinsel von der Ägäis bis zur Donau – war die Zwiebel sogar eine Hochzeitsgabe. Der englische Schriftsteller Jonathan Swift, der Autor von „Gullivers Reisen", erteilte im 18. Jahrhundert jedoch den folgenden, wohl auch der Gesundheit dienenden Rat: „Damit nicht sei verschmäht dein Kuß, die Zwiebel stets gekocht sein muß."

*3 große Zwiebeln, 20 g Butter, 2 EL Mehl, 1 Brühwürfel, 1/2 Liter Gemüsewasser, Wasser oder Magermilch, 1 cl Weißwein oder Cognac, 1 Prise weißer Pfeffer, 1 EL süße Sahne oder Dosenmilch, 1 Eigelb, 2 EL gesalzene Erdnußkerne*

Die in Ringe geschnittenen Zwiebeln in einen Suppentopf geben, in der Butter goldbraun anrösten und mit Mehl bestäuben. Den Brühwürfel in der erhitzten Flüssigkeit auflösen, Wein oder Cognac zugeben, die Zwiebeln damit ablöschen, mit Pfeffer abschmecken und alles 20 Minuten gut durchkochen. Die Suppe mit dem in Sahne oder Dosenmilch verrührten Eigelb legieren und mit Erdnußkernen bestreut servieren.

# Die Rezepte nach Gruppen

Soweit in den Rezepten nichts anderes vermerkt ist,
sind die Zutaten für vier Personen berechnet.

## Vorspeisen

Gefüllte Artischockenböden   22

## Suppen

Blumenkohlsuppe   34
Bohnen-Kartoffel-Suppe   38
Fischsuppe auf Großmutters Art   62
Gemüse-Hühner-Suppe   68
Irische Hühnersuppe   92
Deftige Kartoffelsuppe   100
Süßsaure Linsensuppe   116
Reissuppe mit Gemüse   144
Selleriesuppe pikant   178
Tomatensuppe   202
Weißkohlsuppe   208
Zwiebelsuppe   216

## Gemüsegerichte mit Fleisch und Wurst

Gefüllte Artischockenböden   22
Gefüllte Auberginen   26
Bierbraten in Gemüsebett   30
Blumenkohl mit Schinken   32
Überbackene Fenchelknollen mit
   Schinken   60
Frikadellen mit Paprika-Zwiebel-
   Gemüse   64
Frikadellen mit Porree in Sahnesauce   66
Grillkoteletts mit Zucchini und Tomaten   84
Grünkohl mit Mettwurst   86
Gefüllte Gurken   90
Überbackenes Kasseler mit Gemüse   104
Kohlrouladen   106
Ochsenbrust mit Meerrettich   122
Paprika-Gemüse-Gulasch   126
Geschmortes Sauerkraut mit Mettwurst   166

Schweinebraten mit Auberginen   172
Spargel-Wurst-Frikassee   188
Hoerdter Spargel   190
Suermoos mit Snutkens   198
Weißkohl-Hackfleisch-Auflauf   204
Wirsingauflauf   210
Gefüllte Zucchini   212

## Fischgerichte

Fischsuppe auf Großmutters Art   62
Kabeljau mit Sahnesauce   94
Schollen mit Karotten   168
Tomatenreistopf mit Meerestieren   200

## Geflügel

Gemüse-Hühner-Suppe   68
Irische Hühnersuppe   92
Paprika-Brathähnchen   124
Putenschnitzel im Gemüsebett   140

## Eier- und Mehlspeisen

Überbackene Gemüseomeletts   82
Spargel auf Eierschnitten   186
Speckeierkuchen mit Spinat   194

## Überbackenes und Aufläufe

Weißkohl-Hackfleisch-Auflauf   204
Gefüllte Artischockenböden   22
Gefüllte Auberginen   26
Brokkoli-Torte   44
Cannelloni mit Spinatfüllung   46
Überbackene Fenchelknollen mit
   Schinken   60
Gemüse-Käse-Auflauf   70
Überbackene Gemüseomeletts   82

Überbackenes Kasseler mit Gemüse   104
Paprika mit Käsesauce überbacken   128
Porreetorte   136
Überbackener Porree   138
Rosenkohlauflauf   152
Überbackener Sellerie   180
Spinatauflauf   196
Weißkohl-Hackfleisch-Auflauf   204
Wirsingauflauf   210
Überbackene Zucchini mit Paprika-
   schoten   214

## Eintöpfe

Apfel-Gemüse-Topf   20
Aztekentopf   28
Chinakohleintopf   50
Dicke Bohnen mit Speck   56
Gemüseeintopf mit Hackfleischklößchen   72
Gemüsetopf   80
Dreierlei-Kohl-Eintopf   108
Herzhaftes Lammragout   114
Nudelpfanne   120
Porree-Fleischtopf   132
Porreeragout   134
Rotweinlinsen   160
Sauerkrauttopf mit Speck   164
Schwarzwurzeleintopf   170
Tomatenreistopf mit Meerestieren   200

## Beilagen

Auberginengemüse   24
Bohnen im Speckmantel   36
Bohnenpüree   40
Brokkoli mit Käsesauce   42
Fenchel in würziger Tomatensauce   58
Gemüsepüree   74
Gemüsespieße   78

Gurkengemüse   88
Gemischtes Karottengemüse   96
Glasierte Karotten mit Zwiebeln   98
Gefüllte Kartoffelnester   102
Gebratene Kohlrabi in pikanter Sauce   110
Kürbis in weißer Sauce   112
Gebackene Maiskolben   118
Paprika mit Käsesauce überbacken   128
Porreeragout   134
Überbackener Porree   138
Rettichgemüse   146
Rotkohl mit Äpfeln   156
Rotkohl mit Rotweinbirnen   158
Selleriepüree   176
Überbackener Sellerie   180
Sommer-Allerlei   182
Weißkohl mit Sahne   206
Überbackene Zucchini mit Paprika-
   schoten   214

## Salate

Chicoréesalat   48
Fruchtiger Chinakohlsalat   52
Chinesischer Salat   54
Gemüsesalat   76
Paprikasalat   130
Radicchio-Orangen-Salat   142
Rote-Bete-Salat   154
Sauerkrautsalat   162
Sellerie-Kartoffel-Salat   174
Sommersalat   184
Warmer Spargelsalat   192

## Süßspeisen

Rhabarber mit Schneehaube   148
Überbackener Rhabarber   150

# Die Rezepte alphabetisch

Apfel-Gemüse-Topf   20
Artischockenböden, gefüllte   22
Auberginen, gefüllte   26
Auberginengemüse   24
Aztekentopf   28

Bierbraten im Gemüsebett   30
Blumenkohl mit Schinken   32
Blumenkohlsuppe   34
Bohnen im Speckmantel   36
Bohnen-Kartoffel-Suppe   38
Bohnenpüree   40
Brokkoli mit Käsesauce   42
Brokkoli-Torte   44

Cannelloni mit Spinatfüllung   46
Chicoréesalat   48
Chinakohleintopf   50
Chinakohlsalat, fruchtiger   52
Chinesischer Salat   54

Deftige Kartoffelsuppe   100
Dicke Bohnen mit Speck   56
Dreierlei-Kohl-Eintopf   108

Fenchel in würziger Tomatensauce   58
Fenchelknollen mit Schinken,
   überbackene   60
Fischsuppe auf Großmutters Art   62
Frikadellen mit Paprika-Zwiebel-
   Gemüse   64
Frikadellen mit Porree in Sahnesauce   66
Fruchtiger Chinakohlsalat   52

Gebackene Maiskolben   118
Gebratene Kohlrabi in pikanter Sauce   110
Gefüllte Artischockenböden   22
Gefüllte Auberginen   26
Gefüllte Gurken   90
Gefüllte Kartoffelnester   102
Gefüllte Zucchini   212
Gemischtes Karottengemüse   96
Gemüseeintopf mit Hackfleisch-
   klößchen   72

Gemüse-Hühner-Suppe   68
Gemüse-Käse-Auflauf   70
Gemüseomeletts, überbackene   82
Gemüsepüree   74
Gemüsesalat   76
Gemüsespieße   78
Gemüsetopf   80
Geschmortes Sauerkraut mit Mettwurst   166
Glasierte Karotten mit Zwiebeln   98
Grillkoteletts mit Zucchini und Tomaten   84
Grünkohl mit Mettwurst   86
Gurken, gefüllte   90
Gurkengemüse   88

Herzhaftes Lammragout   114
Hoerdter Spargel   190

Irische Hühnersuppe   92

Kabeljau mit Sahnesauce   94
Karottengemüse, gemischtes   96
Karotten mit Zwiebeln, glasierte   98
Kartoffelnester, gefüllte   102
Kartoffelsuppe, deftige   100
Kasseler mit Gemüse, überbackenes   104
Kohl-Eintopf, Dreierlei-   108
Kohlrabi in pikanter Sauce, gebratene   110
Kohlrouladen   106
Kürbis in weißer Sauce   112

Lammragout, herzhaftes   114
Linsensuppe, süßsaure   116

Maiskolben, gebackene   118

Nudelpfanne   120

Ochsenbrust mit Meerrettich   122

Paprika-Brathähnchen   124
Paprika-Gemüse-Gulasch   126
Paprika mit Käsesauce überbacken   128
Paprikasalat   130
Porree, überbackener   138

Porree-Fleischtopf   132
Porreeragout   134
Porreetorte   136
Putenschnitzel im Gemüsebett   140

Radicchio-Orangen-Salat   142
Reissuppe mit Gemüse   144
Rettichgemüse   146
Rhabarber mit Schneehaube   148
Rhabarber, überbackener   150
Rosenkohlauflauf   152
Rote-Bete-Salat   154
Rotkohl mit Äpfeln   156
Rotkohl mit Rotweinbirnen   158
Rotweinlinsen   160

Sauerkraut mit Mettwurst, geschmortes   166
Sauerkrautsalat   162
Sauerkrauttopf mit Speck   164
Schollen mit Karotten   168
Schwarzwurzeleintopf   170
Schweinebraten mit Auberginen   172
Sellerie, überbackener   180
Sellerie-Kartoffel-Salat   174
Selleriepüree   176
Selleriesuppe pikant   178
Sommer-Allerlei   182
Sommersalat   184
Spargel, Hoerdter   190
Spargel auf Eierschnitten   186

Spargelsalat, warmer   192
Spargel-Wurst-Frikassee   188
Speckeierkuchen mit Spinat   194
Spinatauflauf   196
Suermoos mit Snutkens   198
Süßsaure Linsensuppe   116

Tomatenreistopf mit Meerestieren   200
Tomatensuppe   202

Überbackene Fenchelknollen mit
   Schinken   60
Überbackene Gemüseomeletts   82
Überbackener Porree   138
Überbackener Rhabarber   150
Überbackener Sellerie   180
Überbackenes Kasseler mit Gemüse   104
Überbackene Zucchini mit
   Paprikaschoten   214

Warmer Spargelsalat   192
Weißkohl-Hackfleisch-Auflauf   204
Weißkohl mit Sahne   206
Weißkohlsuppe   208
Wirsingauflauf   210

Zucchini, gefüllte   212
Zucchini mit Paprikaschoten,
   überbackene   214
Zwiebelsuppe   216

## Bildquellen

Bildarchiv Preußischer Kulturbesitz: 5
laenderpress: 7, 15, 19
Langnese-Iglo GmbH: 2
Sirius Bildarchiv/Hans Joachim Döbbelin: 8 u., 9 u.l., 10, 12/13
Sirius Bildarchiv/Erhard Hehl: 17
Sirius Bildarchiv/Günther Schmidt: 9 u.r.
Sirius Bildarchiv/Toni Schneiders: 8/9 Hauptbild

In unserer Reihe der

# Spezialitätenkochbücher

sind in gleicher Ausstattung bisher erschienen:

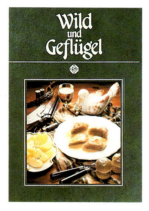 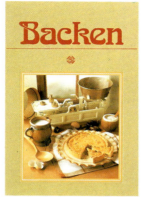 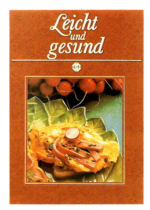

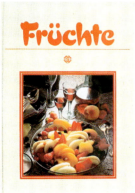 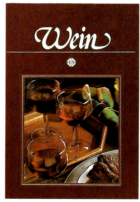 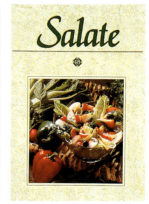